MBA 前沿瞭望论丛

抓住全球机遇
纷繁世界，决策制胜

［美］罗德侠（Paul A. Laudicina）　著

科尔尼（上海）企业咨询有限公司　译

北京理工大学出版社
BEIJING INSTITUTE OF TECHNOLOGY PRESS

图书在版编目（CIP）数据

抓住全球机遇：纷繁世界，决策制胜/（美）罗德侠（Laudicina, P. A.）著；科尔尼（上海）企业咨询有限公司译．—北京：北京理工大学出版社，2014.7

书名原文：Beating the global odds

ISBN 978 - 7 - 5640 - 8534 - 6

Ⅰ. ①抓…　Ⅱ. ①罗…　②科…　Ⅲ. ①管理学　Ⅳ. ①C93

中国版本图书馆 CIP 数据核字（2014）第 033989 号

北京市版权局著作权合同登记号　图字：01 - 2013 - 2377 号

Translation from English language edition：

Beating the Global Odds：Successful Decision-Making in a Confused and Troubled World（ISBN：978 - 1 - 118 - 34711 - 9）by Paul A. Laudicina Copyright © 2012 by Paul A. Laudicina. All Rights Reserved. This translation published under license.

出版发行/北京理工大学出版社有限责任公司

社　　址/北京市海淀区中关村南大街 5 号

邮　　编/100081

电　　话/(010) 68914775（总编室）

　　　　　82562903（教材售后服务热线）

　　　　　68948351（其他图书服务热线）

网　　址/http：//www. bitpress. com. cn

经　　销/全国各地新华书店

印　　刷/保定市中画美凯印刷有限公司

开　　本/710 毫米×1000 毫米　1/16

印　　张/10

字　　数/142 千字

版　　次/2014 年 7 月第 1 版　2014 年 7 月第 1 次印刷

定　　价/39.00 元

责任编辑/申玉琴

文案编辑/施胜娟

责任校对/周瑞红

责任印制/李志强

读者寄语

"在《抓住全球机遇：纷繁世界，决策制胜》一书中，罗德侠不仅积极探讨了当今时代我们所面临的主要挑战，还分析了化逆境为顺境的现实机会。现在正值各国家、企业及个人寻求解决复杂困难的方法、探索可持续发展的道路之时，这本书的问世非常及时。同时，作者思想敏锐，是全球最重要的商业战略家之一。本书内容引人入胜。"

——穆塔·肯特（Muhtar Kent），可口可乐公司总裁兼首席执行官

"分析和诊断衰退的原因相对比较简单，而探索和采用补救措施则困难得多。在本书中，罗德侠海纳百川，鼓励所有人成为'有辨别能力的杂食动物'，并运用其独一无二的经历，帮助我们了解需要做什么以及如何去做。"

——苏铭天爵士（Sir Martin Sorrell），WPP 首席执行官

"从神学院学生到学者，再到参议院职员，从芝加哥到科尔尼公司高层，从一个优等生成长为一名智者，这就是罗德侠的职业生涯，他的新作也如同他的职业生涯一样非凡。《抓住全球机遇：纷繁世界，决策制胜》向我们展示了如何将复杂转变为希望，如何将点连接成面。不用再等待下一部伟大的作品了，这里就告诉你应该怎么做。本书简要概述了 21 世纪的知识经济时代，内容扣人心弦——是一个思想家和实干家的智慧精华，在世界上亦属凤毛麟角。"

——约瑟夫·杰夫（Josef Joffe），《时代周刊》（德国汉堡）编辑；
斯坦福大学高级研究员

"这是一本非常好的书。任何对创新流程和全球经济未来感兴趣的人都要一读。罗德侠采用直观、个性的方式，向我们传递了有关很多难以理解的问题，甚

至颠覆了传统的思想。通过阅读本书，你能够了解一些复杂的系统、基于场景策略的复原、扩展管理者外围见识的必要性、特许城市及其他许多新的思想。读完这本书，你将会以不同（更有力）的视角看待世界。但同时，这本书也妙趣横生，绝不枯燥。一旦你开始读它，你将爱不释手。"

——塞巴斯蒂安·爱德华茨（Sebastian Edwards），加州大学洛杉矶分校安德森
管理学院亨利福特二世国际商业教授；世界银行前拉丁美洲首席经济学家

"商业领袖通过自身的经验为人们提供实用的见解，而思想领袖则通过其理论和分析为人们提供经验教训。罗德侠既是一位变革型商业领袖，同时也是一名世界级思想家。他以高度敬业的态度，利用从管理学理论大师和社会学家身上学习的经验教训成功拯救了世界上最受人尊敬的咨询公司之一，并将其中的见解融入书中——本书不仅活泼、有创意，同时可读性也非常强，并且实用、鼓舞人心，是一本不可或缺的好书。"

——摩西·纳伊姆（Moisés Naím），卡内基国际和平研究院（Carneige
Endowment）高级研究员；"*The End of Power：Why It's Easier to Get，Harder to
Use and Nearly Impossible to Keep*"的作者

"当今社会动荡不安、变化异常，我们必须采用全新的方法，重新制定战略、建立联系、进行创新。《抓住全球机遇：纷繁世界，决策制胜》的内容丰富，能够指引您和您的组织走出'信息迷雾'，抓住新的、更加清晰的机会。罗德侠的写作技术高超，将极为复杂的问题以人们容易理解的方式表现出来，使之非常实用。这本书是全球领导者必读之书。"

——凯文·凯许曼（Kevin Cashman），光辉国际（Korn/Ferry International）
资深合伙人，著有《暂停法则：以退为进》（*The Pause Principle：
Step Back to Lead Forward*）一书

"我们都知道，世界正变得日趋复杂。我们希望能够掌控其复杂性，但是却不知道应该怎么做。在这一点上，罗德侠帮了我们大忙，他和我们分享了很多方

法和思想，帮助我们了解并带我们走出一个更加复杂并充满挑战的世界。Mukesh Ambani 为本书写的序更为其增添了光环。"

——马凯硕（Kishore Mahbulani），新加坡国立大学李光耀
公共政策学院院长，著有《大融合》（*The Great Convergence*：
Asia，*the West*，*and the Logic of One World*）一书

"当今世界过于复杂、难以预测，而高层的决策俨然已经成为一门艺术。罗德侠的新书为未来的可持续价值创造提供了宝贵的建议。"

——贺斌杰（Jürgen Hambrecht），巴斯夫公司前总裁；德勒姆公司和
德国汉莎航空公司监事会成员

"如果你渴望成为领袖，渴望成功，那么你一定要看看这本书，把它推荐给你团队中的每一个人。《抓住全球机遇：纷繁世界，决策制胜》从实际出发，清晰地描述了如何培养思维模式、热情和各种关系，这些都是推动未来发展的因素——使你能够创造对变革与机遇并存的世界最重要的事情。"

——萨基 - 尼科尔·琼尼（Saj - nicole Joni），剑桥国际集团有限公司 CEO，
著有《好斗》（*The Right Fight*）一书

"'成功不能代表一切，渴望成功是最高宗旨'，这是20世纪最伟大的教练文斯·隆巴蒂（Vince Lombardi）的至理名言。《抓住全球机遇：纷繁世界，决策制胜》通过具体、切合实际的建议，告诉我们如何将成功的渴望转化为行动，包括我在内。"

——凯文·罗伯茨（Kevin Roberts），盛世长城（Saatchi & Saatchi）
全球首席执行官

"《抓住全球机遇：纷繁世界，决策制胜》一书为 CEO 们及时敲响了警钟。我们必须更加努力，才能抓住机遇，管理日趋复杂的全球经济和政策环境造成的特大风险。"

——约翰·奎尔奇（John Quelch），中欧国际工商学院（上海）院长

我相信，你手中的这本书将是你读到的最优秀的书籍之一。它凝结了作者的智慧，语言简练，引人入胜，每一页内容都将给你带来格外的收获。在写作过程中，罗德侠践行了他所推崇的理念：通过广博的认识及深入的见解简化日益复杂的世界。

能为本书作序，我感到非常荣幸。罗德侠不仅是我的好朋友，他的英明决断和敏锐洞察力曾使我的公司及其领导层大受裨益。另外，他拥有掌握几乎所有事物脉搏的诀窍，这点更是不用说了，简直堪称绝技。对于罗德侠来说，将他的智慧精华实实在在地写出来可能并不是一件容易的事，但是他做到了。我很高兴他写成了这本书，几乎可以称为不可能实现的壮举。

罗德侠领导着一家国际优秀机构——科尔尼公司，他在过去数十年里积累了大量的经验。他能从侧面将问题联系起来，形成有意义的见解，每一次都能给我带来惊喜。罗德侠走过世界各地，见多识广，人脉广阔，并将他丰富的人生阅历融入不同的各项业务中。下面，就让你我随着罗德侠一起在他的书中畅游吧！

目前世界正经历不断的震荡和变化，而《抓住全球机遇：纷繁世界，决策制胜》一书的面世恰逢其时。在写这篇序的时候，我们正在努力应对多重全球经济冲击带来的后果，并试图了解其意义所在。一些在过去如此强大并占据主导地位的国家，现在正为主权的续存而挣扎。而那些曾处于经济霸主地位的国家，现在正考虑实施紧缩政策。而一些蒸蒸日上、具有魄力的国家则踏上了寻找自身合适位置的新轨道。此番全球格局变动已经影响了整个世界，迫使我们用发散性的思维思考，提供更有说服力的、简单可行的见解。

无论愿意与否，政府机构、企业、民间团体或个人都必须重新塑造自己，以便抓住全球机遇。在这一过程中，企业将扮演非常重要的角色——不仅要促进经济的稳定发展，还要为世界注入新的信心，让人们相信未来会更加美好。罗德侠在书中表示，价值观型领导的重要性是必然的。就我个人而言，在做任何事情的时候，我都主张以价值观为主导的价值创造。我的公司从成立之初到现在，一直把改善千百万印度人民的生活水平作为核心价值观和驱动力。通过彻底创新满足人们未满足的需求和愿望，而这样做的结果是使行业发生根本性的变革。游戏规则已经改变，有时甚至连游戏本身都已经改变了。

鉴于我自身的公司管理经历和创业经历，本书中的观点引起了我的共鸣。字典对企业家（entrepreneur）的定义是："组织并管理一家或多家企业的人，并承担比一般财务风险更高的风险。"在我看来，这一定义并不完整。因为我相信，作为企业家不仅仅是承担企业风险的问题，还包括承担社会及国家风险，是为了让全世界都从中受益。制定决策也不仅仅是做出选择，你的雄心以及你为做成一件事情愿意付出的牺牲，都将影响你的选择。在公司采取的每一个举措当中，我们都努力证明我们的前瞻能力，为所有股东、国家甚至世界考虑的能力。我们制定高风险决策的原因一直都是：为了最广大的股东的利益。

罗德侠谈及了很多看似软性的要求，但实际上它们对成功非常关键，例如人际关系。我们一直坚信，无论是与股东、客户还是业务伙伴打交道，关系处理都应该放在第一位，建立在信任与宽容的基础上的人际关系使我们的工作能够长期持续。

罗德侠还讨论了信息、复杂性以及在日益庞大的信息海洋中巧妙地找到头绪的必要性。我们深信，在做决策时应该遵循基本原则，这样就能很自然地清除障碍，我们也就把注意力集中到最重要的成功要素上。当然，在此过程中，坚持不懈的精神和坚定不移的信念也至关重要。有时候这一过程会变得异常艰难，但是只要我们"不惜任何代价坚持到底"，就能渡过难关。

最后，罗德侠探讨了战略规划，重点讨论通过情景制订战略规划。我们始终坚信，一个好的战略，必须执行到位才能发挥其最佳效果。而连接战略制订和执行的便是战略规划。我们对制订正确规划的重视已经到了让人难以置信的程度。我们通过一套全面的计划制订了一项动态战略，制订了备用的应急措施，以便修正路线。罗德侠一针见血地指出，这将成为这一"持续剧烈变化"的世界在现在和未来所必须经历的。预测长期未来发展是一件很难的事情，但是天生的直觉加上敏锐、有时甚至有些偏执的规划能够产生理想的结果。科技已经彻底改变了企业构思、设置和部署的方式。海量的信息是利用情报和洞察力促进业务指数式增长的又一机会。

我们生活在创意经济的时代，事物的变化速度高到极其危险的程度。所以，规划应是一个实时、连续的过程，另外还需要机敏、灵活。这样才能让组织在不停止或放缓发展速度的情况下进行恰当的转变。为此，我们需要富有智慧、敬业、成熟且能洞察外围环境的团队。罗德侠在新书中描绘了这类负责开拓未来的团队的蓝图，这一蓝图非常有说服力。《抓住全球机遇：纷繁世界，决策制胜》为这类团队提供了切实的建议，帮助其成为非凡的世界级团队。对于那些试图从360°的视角，24/7 全天候了解世界变化、挑战和机遇的个人来说，罗德侠的新书也是一个富有乐趣、鼓舞人心的指南。

不同于一些人的想法，未来必将会是激动人心、一片光明的。我希望我们都能抓住全球机遇。而且，我相信我们能够做到——本书将帮助我们了解如何抓住全球机遇。

穆克什·阿姆巴尼（Mukesh Ambani）

信实工业集团（Reliance Industries）主席兼董事总经理

孟买

■ 庆幸的是，把握未来不是一场赌局

在开始之前，我想先引用法国飞行家先驱兼作家安东尼·德·圣－埃克苏佩里（Antoine de Saint－Exupéry）的一句话："对于未来，你的任务不是预测它，而是实现它。"

来源：Fuse/Getty Images

如果你正在探寻公司、国家、世界甚至个人职业和生活的发展路径，渴望实现更加美好的未来，那么我相信这本书将会对你有所帮助。

如今纷繁的社会由政府、企业、各种组织以及个人组成。经过了众多超乎我们想象的冲击、危机和高速变化，我们的社会呈现出混乱和麻木的状态。在这个以科技为主导的网络世界，我们的投入和选择成倍增加。而对于到底哪个人或组织能够创造具有持久价值的事物以及能够做出在国内外产生长期效益的鼓舞人心

的行为的问题，人们缺乏基本的共同使命感。

我们不能也不想阻挡网络连接技术的发展潮流。相反，对于那些由技术引发的问题，我们要利用技术加以解决。第一代信息技术（Information Technology 1.0）促进了以交易为基础的社会的形成，在这样的社会环境中，"交易"本身比其所产生的价值或其关系基础更为重要。所以，财富创造与价值创造的剥离成为社会不满情绪不断增加、社会日益分裂、异化或孤独化的关键所在。在这样的环境之下，个体从集体中脱离，在他们的现实身份中寻找庇护：国籍、民族、宗教……

但是我们都知道，狭隘的思维方式会阻碍创新，而创新能够推动价值创造，继而推动财富创造。财富创造能够使企业、政府、社会以及个人富裕起来。我们也明白，思想的多样性和人的参与能够促进创新，而跨越时间和空间的技术进步又将进一步扩大思想的多样性，提高人的参与度。

只有鼓舞人心的领导才能帮助社会克服大萧条后的困难，走出支离破碎的状态，实现新一轮的繁荣景象。为了鼓励并激发有意义的行动，领导者们必须以价值为根本，能够切实利用最好的技术和最新的思维方式。对乐观进取的实用主义精神的重新认识能够启动未来，通过提拔具备类似思想的跟随者进入领导层，推动未来的创造。除非能更加深入地了解不作为或不当行为的后果，否则有关摆脱时间和空间的限制、抓住机遇、管理风险等大胆承诺都将无法实现。

如今的领导人和公民不得不接受这样的现实：这个世界充满波动性和颠覆性的变化。他们必须认识到，不采取任何行动并不是明智之举。但也不尽然，前所未有的震荡总是伴随着积善行德所带来的空前好处——追求自我利益的同时绝不放弃公众利益。成功的领导人需要了解这一趋同的价值主张并按其行事。利用新的技术能力，采用更加灵活的方式思考和激发未来，这样我们就能抓住全球机遇。

■ 一线工作的重要性

煤矿业是一个艰苦的行业，特别是地下深处暴露煤层开采设备的操作工作——即一线工作。在澳大利亚和其他一些国家，"At the coalface"是指实实在在地战斗在第一线，而不是作为旁观者进行假设或推测。考虑到这本书的性质，我觉得在深入之前我应该向读者介绍一下我自己。

我并不是从一开始就从事咨询工作的。我曾就读于神学院，在芝加哥学习过政治学，还在大型石油公司工作过。我从过政，后又加入一个智囊机构，很久之后才开始了现在的管理咨询工作。甚至在 1992 年我加入科尔尼并创立全球商业政策咨询委员会时，还有人觉得，技术和商业背景不足就不适合进入真刀真枪的全球商业世界。二十年过去了，试问一个文科生进入职业咨询行业的困难究竟有多大呢？

而另一方面，技术知识很快就会过时、被淘汰，而文科教育所提供的批判性思考及优秀的说写能力却能使人终身受益。1950 年，学识渊博的莫提默·艾德勒（Mortimer Adler）协助创立了阿斯彭研究所（Aspen Institute），批评家们不相信 CEO 会对文学巨著或探讨"大问题"感兴趣，他们甚至不会对阿斯彭研究所在科罗拉多的成立感兴趣。但是结果证明，这些 CEO 是感兴趣的。即使在那样一个相对墨守成规的年代，商业领袖们已经认识到：技术和管理知识对一个行业来说是必不可少的，但是对于了解世界上发生的事情以及做出正确的决策并不够。

这本书实际上讲述的是一段旅程——一段关于我个人和职业生涯的旅程、关于我的公司及客户的旅程，我希望它也是你的旅程。我写这本书的部分原因是向大家介绍我个人和职业的十字路口：正如一句老话所说，如果不强迫你把想法写出来，你永远不知道自己真正的想法。

半个世纪以来，我一直生活在三个世界里，并由此而丰富了自己。第一个是沉思的精神世界，来自我年轻时对神学的学习。但事实证明，我天生不是做这个的。第二个是高度好奇、与外界联系紧密的政治世界，这来源于我早期的政府和政策相关职位。第三个世界是商业世界，这是一个更加成熟的世界，我帮助客户和我的公司制定战略方向、实现企业目标。

这三个世界经常在相互独立但却同心的轨道上运行，他们仿佛被自己的磁场所控制，同时存在，但又互不相交，除非常情况以外（一般为戏剧性情况）。这三个不同的领域在相对比较稳定的独立状态下运行，直到技术的奇迹打破了他们的自然边界和隔离这些世界的界限。简单地说，科技的力量引发了人类、货物、资本和创意的快速运动，同时提高了成本效率。而这些力量同时也打破了这三个世界之间的气阀——使这些世界更加脆弱，各自独特使命的实现对其他两个世界的依赖性也更大。

▨ 全书概览（我强调情景规划复兴的原因）

过去几年间，个人和组织都已经厌烦了不断出现的碰撞、混乱，不断增加的复杂性、信息过载等。我承认，只注意到这些是不够的。我相信你可以举出更多我不知道的例子。但是在第一章中，在能够决定怎样应对以上状况之前，我们需要先进一步揭开整个故事的面纱。正如我们即将看到的一些解决办法正在研究过程中，包括来自于圣达菲研究所和牛津大学这样的机构（出乎意料？）。

在接下来的两章，我将向大家展示复杂性的其他方面。例如事物的半衰期进一步缩短，多数国家的政治（政府）陷入混乱、无能的状态。面临这样一个过于复杂的世界，很多民众要么变得愤懑，要么干脆完全自我封闭。这些趋势相互联系，并持续恶化。更有甚者，许多非常聪明的人才受到短期效益的诱惑，去钻制度的空子，进行制度博弈，结果没有创造持久的价值，甚至给社会造成很大的风险和损失。如果这就是资本主义，那对亚当·斯密（Adam Smith）来说它可能已经面目全非了。

所以你可能会想，"我们干脆等到云开雾散，经济完全回转之后再采取确定的行动。"这可能是对当前各种混乱信号的本能反应。但我认为不作为或保持中立是错误的选择——将错过重大机遇。

在接下来的几章中，我将简单介绍一些卓越的思想、地区、公司甚至个人，他们绝不会坐等什么理想黄金国从大萧条的灰烬上如雨后春笋般地崛起。而是展开疯狂的创新，努力降低原料含量；简化并策划人与产品、服务、组织机构乃至政府之间的联系接口；修复社会中支离破碎的人际关系和信任关系（这样的案例比比皆是）。

在本书的最后部分，我将努力向大家展示如何探索新的思想和见解，如何利用（但不滥用）专家意见，为什么应该以精明的方式拓宽对投入的认识，怎样以及何时利用严肃的预见方法，如职业和个人高风险决策的情景规划。就像我将在后面强调的一样，无论是个人、组织还是世界，只有一种过去和一种现在，无法改变，但是未来却有很多种可能。庆幸的是，把握未来并不是一种赌局，也不是一种命运，它的实现关乎技能和远见。要正确计划未来，需要在制定当前决策时考虑全新的可能性。

情景规划的概念形成于冷战时期，用于考虑原来无法想象的问题。后来情景规划在理解经济动荡和石油危机的各种尝试中起到了非常关键的作用。现在，随着企业和政府试图预测未来发展趋势，情景规划又得以恢复。说到底，有谁喜欢墨守成规，而不喜欢新鲜的思维方式和见解以及对有意义行动的新认识呢？但是情景规划（或更准确地说，基于情景的战略规划）是一门真正的学科，需要经过认真学习才能尝试应用，就像学习会计（血管外科或者任何事情）——甚至在使用他人的情景规划时也要加以学习。我将尽我最大的努力向你展示情景规划的方法。

■ 双城故事诠释变化与永恒

现实往往比人们试图表达，或试图使用的范例或缩写更加复杂，变化也更加迅速。在大学期间，心理学家和哲学家先驱威廉·詹姆斯（William James）的作品对我的思维方式产生了重要影响。詹姆斯是美国实用主义之父，他的观点是：你必须接受某种信仰，才能建立人生和思维方式结构（也就是说，在采取果断行动之前，你需要拿出相当大的信心）。实用主义是对僵化的科学唯物主义流派的一种矫正，它需要确定每一个决定都是实用的。这些在现在依然适用：我们仍然努力在混乱中建立秩序，仍然为一些反复出现的普遍问题而苦恼。读一读（重读）3 000 年前的一些古代手稿或纸草纸文献（宗教的或其他），你会惊奇于当时人们的思想、希望、担忧和我们如今是如此相似。这方面从古至今都未曾改变过，可能将来也不会改变。2 300 年前，亚里士多德宣称："人类的所有行为都源自以下一种或七种原因：偶然、本性、冲动、习惯、理性、热情和欲望。"

但也有些事情确实发生了变化。我们生活和工作中的各方面都变得更加复杂和迅速。简单地说，发生变化的是发展速度，是普通大众的参与程度（参与程度降低了）。大众觉得自己处于随波逐流的状态（事实也是如此）。因为要获得其他人的支持和拥护需要好的雄辩能力和灵感，因此，现在要做出某种艰难转变，比以前需要更大的勇气。

近年来，社会的复杂程度和发展速度增长迅速，但是我们可以找到一些解决方法。从某种程度上，这些解决方法就如同"双城记"，来自两个完全不同的地方——古老的牛津和前卫的圣达菲。它们不断提出真正有突破性的思想，主要针对如何抑制社会变得越来越复杂，情景规划和相关预测科学的发展如何帮助我们通过传统的预测、调查、专家建议等方法未曾或者无法帮助来思考未来、了解当下。

圣达菲是一个按照美国标准建立的古老城市，刚刚度过了 400 岁生日。她拥有世界上仍在使用的最古老的政府大楼（总督府）和最古老的教堂（San Miguel Mission）。圣达菲虽然只是一个小小的州首府，但是艺术品市场价值排名全国第三，仅次于纽约和洛杉矶。她位于新墨西哥州北部的沙漠地区，虽然人烟稀少，但拥有无比绚烂的晚霞。在这里，你可以放松身心，重塑自己。第二次世界大战期间，美国政府决定秘密发明原子弹，并将圣达菲设为洛斯阿拉莫斯的后方阵地（洛斯阿拉莫斯更为偏僻，距圣达菲大约 1 个小时的路程）。曼哈顿计划（当时的叫法）迫使科学家和政府战略家们面对全新的、规模空前的生死问题。用哈德逊研究所（Hudson Institute）的创始人赫伯特·卡恩（Herbert Kahn）的话说，就是"想前所未想"。他所做的一切直接促成了情景规划的创造。

根据圣达菲研究所（SFI）网站对自身历史的介绍，在 20 世纪 80 年代早期，一些洛斯阿拉莫斯国家实验室的科学家对"联邦实验室和学术界的烟囱式、官僚主义且以集资为目的的科学研究方法"普遍感到不满。他们认为这种胡萝卜加大棒式的科研支持很大程度上使科学家变得目光短浅、简化主义甚至停滞不前。他们还认为，科学界面临的一些最大的、同时要求科学家拥有更广阔的视角面对的问题一直悬而未决，对科学界和人类造成了损害。

因此，一个独立的跨学科研究所——圣达菲研究所——诞生了。但它的建立并不是一个全新的想法。早在 100 年前，十几所德国大学引领着世界上最前沿的科学智慧之时，德皇威廉二世（Kaiser Wilhelm II）（虽然他有很多缺点）就有创建一所独立的精英研究所的奇妙想法，也就是至今仍然存续的、颇受尊敬的马克思普朗克学会（Max Planck Institutes）。在北美地区，一所名为普林斯顿高等研究院（Institute for Advanced Study）于 1930 年成立。该研究院坐落在普林斯顿大学附近，吸引了众多杰出人物，如：阿尔伯特·爱因斯坦。直到 20 世纪 80 年代至 90 年代，新的圣达菲研究所才成为世界跨学科或学科间空白领域的领先研究中心之一。今天，圣达菲研究所的研究和观点表明：解铃还须系铃人，包围我们的复杂化问题可以通过使复杂化产生的工具缓解并彻底控制。这为我们点燃了希望之火（我将在后面进一步阐述）。

而牛津大学则在时间轴的另外一端。它古老到没有人知道它究竟是在哪一年成立的。1096 年左右这里就已经有了教学活动——那时是比较辉煌的时代。但是，正如老话所说，优秀不是因为古老，而正因为优秀所以才能长存。一般的大学都采用相对集中的管理，由各学院和各系组成，且结构紧密。但牛津大学的组成结构不同，它是由各独立学院、礼堂、师资队伍以及各种单位和中心组成的松散联盟。尽管牛津大学商学院成立得较晚（1996 年成立，此时管理学研究在其他院校已经成为令人尊敬的学科），但是现在已经建立了世界上杰出的情景规划和预测学科。牛津大学和其姐妹院校剑桥大学，是唯一两所真正屹立几百年的世界一流学府，而且还在不断壮大。但这是为什么？牛津大学之所以能够持续保持重要的地位，原因有很多，也一直是所有英语国家知识分子关注的重要焦点之一。

此外，牛津大学的松散联盟意味着它的学科界限没有其他院校那么严格。在牛津大学的 38 所独立学院中，营销学教授和诗歌学者每天都和天体物理学家以及神学者一起吃晚饭（一种嗜好），共享黄油小虾（potted shrimp，一种兰开斯特传统美食）、改良炸肉排和奶油拌香橙（orange fool）等美味佳肴。牛津大学有一所规模很大的历史学院（万灵学院）没有学生，只有教职工（称为研究员）。这些研究员可以自由支配时间，如果需要还能获得适当的教职人员支持。虽然牛津是一所古老的学府，但它喜欢不断吸收新鲜的血液。例如塞西尔·罗兹（Cecil Rhodes）的著名奖学金计划自 1902 年开始，每年都吸收一些特别优秀的新人才。著名的学者、板球运动员罗德·爱丁顿（Rod Eddington）就是其中之一，他来自澳大利亚西部，于 1974 年获得该奖学金，后来先后成为国泰航空公司和英国航空公司的 CEO。

罗德爵士（现在的头衔）2003 年重回牛津，为罗兹奖学金得主和牛津 MBA 学生做了演讲。他追忆了在此度过的时光，回忆了保持思维和行动适应能力的基本需求。因为只有保持这样的适应能力才能避免阻塞思想，避免形成腐朽僵化的思维模式，证明把事情做好与做好事缺一不可。

罗兹奖学金的甄选基础是择优选择，无论其曾经犯过什么错误。种族、宗教和需求都不在考虑范围内。罗兹评估道德品质和文化素质，欣赏将公共服务至于至高位置的天性……

如果我们从历史中吸取了经验教训（我们希望如此），我们将会清晰地看清前面的路途。如果西方国家想要维持其现有的地位，就必须兼容并包……我们不能期望别人的想法能与我们的相同。中心地区和边缘地区之间、总部和前线、WTO 和贸易国之间总是处于紧张的关系之中，这种关系无处不在——这就是组织的本质，我相信这对全球（系统）也有非常重要的影响。除非那些方法能为比我们弱小落后的国家带来明确的利益，否则我们对武力的依赖将大于对话……而用武力解决问题是行不通的。如果丧失了适应能力，那我们势必将输掉比赛。

目　录

第1章　全球陷入僵化的思维模式

持续的过度刺激，导致方向的迷失

如果你正在穿越地狱，那就继续前进。

——温斯顿·丘吉尔爵士

维持阿富汗稳定/应对抵抗运动的策略

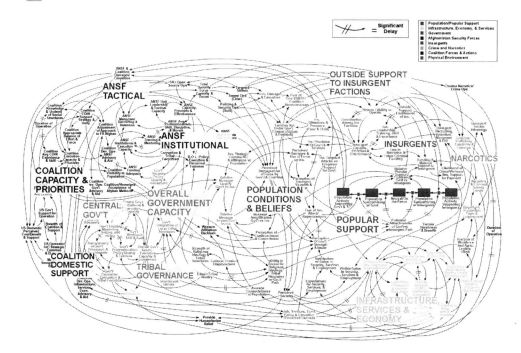

	Population/Popular Support	人口/大众支持
	Infrastructure, Economy & Services	基础设施、经济和服务
	Government	政府
Significant delay	Afghanistan Security Forces	阿富汗安全部队
重大延误	Insurgents	暴动
	Crime and Narcotics	犯罪和毒品
	Coalition Forces & Actions	联合军队和行动
	Physical Environment	自然环境

ANSF TACTICAL	阿富汗国家安全部队策略
OUTSIDE SUPPORT TO INSURGENT FACTIONS	武装叛乱派系的外部支援
ANSF INSTITUTIONAL	阿富汗国家安全部队制度
INSURGENTS	暴动
NARCOTICS	麻醉药
COALITION CAPACITY&PRIORITIES	联盟能力和优先级
CENTRAL GOV'T	中央政府
OVERALL GOVERNMENT CAPACITY	政府综合能力
POPULATION CONDITIONS & BELIEFS	人口状况和信仰
POPULAR SUPPORT	大众支持
COALITION DOMESTIC SUPPORT	联盟国内支持
TRIBAL GOVERNANCE	部落管理

斯坦利·麦克里斯特尔（Stanley McChrystal）上将在阿富汗曾有一句名言："理解了这张图，我们就能赢得战争。"有人可能会说，我们已经遇到了敌人，它便是信息过量、骚乱和方向迷失。

来源：美国国防部

你可能有过这样的经历：长途飞行结束时，机轮着地，你本能地拿出 iPhone 或黑莓——在发动机产生反推力之前打开手机开关。如果幸运的话，手机将在 10 秒钟内收到信号。接着便是信息的涌入，每一条都能使你那已经受到过度刺激的大脑分泌更多的多巴胺。试想，你刚刚坐了 14 个小时的飞机到达孟买。你打开手机，发现收到了近百封邮件，数十封语音邮件，还有需要处理和应对的经济下滑消息：空乘人员提供第二餐服务时你正准备打个盹，可你不知道就在这一刻，全球股市再次暴跌。或许你会因为飞机上没有普及 WiFi 而感到庆幸，否则你将没有任何机会休息。在去酒店的车上，你尽量浏览一些信息，只回复那些需要快速答复的，而且最好是那种不太需要思考的。

加州大学洛杉矶分校心理学家加里·斯莫尔（Gary Small）的研究表明，如果这种部分关注状态持续下去的话，将引起"脑雾现象"。虽然你浏览了大量的信息，但是基本上没记住什么有用的。你在心里这样问自己：每天花 10 个小时回复邮件是否意味着工作有成效、生活够充实？但是无论你我，我们都没有时间去思考这一问题，不知道这是幸运还是不幸。我们必须不断前进，马不停蹄地前进。

▓ 过犹不及

我并不以先知自居，事实上我现在仍然花费大量时间应对接踵而来的事务，并不能预测它们的发生。对于这一点，我自己非常清楚。我在 2005 年写了《失衡的世界》。尽管当时经济处于繁荣和平稳的状态，但我还是提出了在当时不太受欢迎的观点，即：世界并不是风平浪静的。我还向商业领袖提出了一些具体建议，告诉他们怎样做才能使其公司适应复杂多变的现实世界，其中如何调整思维方式尤为重要。现在回过头去看，我多么希望当时关于未来的预测是错误的。七年过去了，世界加快了它变化的脚步，但遗憾的是仍然没有恢复平衡状态。这几年，世界经历了一系列的动荡，使我们感到无比的震撼。

世界各地的人（组织）都感到迷茫、困惑甚至麻木，这并不足为奇。从危机、丑闻到产品选择的激增、每天 24 小时不间断的信息迷雾（如随时出现的新闻、永远在线的电子邮箱和社交媒体）都没有使我们变得更加聪明或睿智。相反，我们的思考能力、认清未来及果断行动的能力逐渐减退。想象一下，如果最后所有关于人类文明的知识都只存在于我们的指尖上，而一想到查找这些知识就令你头疼，这将是怎样的一种情景？

线的电子邮箱和社交媒体）都没有使我们变得更加聪明或睿智。相反，我们的思考能力、认清未来及果断行动的能力逐渐减退。想象一下，如果最后所有关于人类文明的知识都只存在于我们的指尖上，而一想到查找这些知识就令你头疼，这将是怎样的一种情景。曾旅居于柏林和克罗地亚杜布罗夫尼克市的美国作家迈克尔·莱德勒（Michael Lederer）（是我已故至交的儿子）将这种现象称为"Mundo Overloadus"，这也是他最新一部剧作的片名，该剧在纽约首映。

当然，你可以采取一些行动应对这一情况，但首先你必须了解它。要知道，你并不是孤军奋战。现在已经有很多创新企业在这方面付出了相当大的努力。例如，谷歌的本质是利用技术大规模整理、分类并管理信息。虽然现在谷歌的创新方法已经接近其自然极限，但它仍被广泛视为我们这一时代最成功、最受推崇的企业之一。谷歌采用精密的工具追踪用户的行为和喜好，并将之与最接近的内容供应商匹配。这样就带来了意料之外的结果，即把搜索结果限制在过于狭窄及自动选择的范围内。而聪明的公司找到了巧妙的方法处理其内容，使其出现在搜索结果的前列。谷歌认识到这一问题，目前正在努力升级相应的演算系统，但对这种猫捉老鼠的游戏能否持续，我们表示怀疑。

我并不是批评谷歌。谷歌是一家非常有前景的公司，有才华横溢和富有创造力的员工。我认为它的问题在于用旧的范例应对新的挑战。原有的范例告诉我们，当可用信息数量不断增加时，组织系统将进行容量调整，以便能够容纳这些信息。纵观历史，从埃及亚历山大图书馆到古登堡的活字印刷术、杜威十进制系统、个人电脑甚至现在的谷歌都是这种情况。就像冷战时与对手角逐一样，知识的扩张和知识组织系统之间的较量历来处于平衡状态。现在出现了新的工具、更快的处理器、更强大的数据中心、连接高速无线数据网络的移动设备等，使你能够随时随地使用数字助手。所有这些都使日益庞大的世界知识体系成为可以利用的资产，而不是绕在脖子上的沉重负担。

然而在当今世界中，有两方面原因致使这一情况发生了变化。第一个原因是，随着可用知识量的几何式增长以及知识传播和获得方式的多样化，靠花费大量时间开发新工具来实现与时俱进的阶段已经一去不复返了——至少到目前为止情况是这样的。第二个原因是，不论我们现有工具的容量或技术复杂性如何（本章稍后将讨论技术如何发展才能实现对技术的控制），信息的流量和流速都会以几何倍数增长，而我们对信息扩张的理解和反应能力却以线性方式缓缓进步。单靠先进的组织结构已经无法控制信息的浪潮，要想管理和应对变化速度和混乱局面，必须采用全新的思维、行为和辨别方式。从某种意义上说，这代表对技术效用的一种新的限制——即使是最好的系统，在有效应对信息激增方面也会受到个人和社会能力的限制，因此需要靠智慧去了解如何应对。我并不是倡议你拔掉电缆，砸烂智能手机，虽然的确有人坚持那样做。作家兼媒体分析师托马斯·库珀（Thomas Cooper）博士从亨利·大卫·梭罗（Henry David Thoreau）和其自闭的瓦尔登湖生活中总结了一套经验。他说应对快速发展媒体的唯一健康方法就是"媒体斋戒"———一种精神排毒的方法。

我认为对于大多数人来说，凯文·卡什曼（Kevin Cashman）提出的"暂停原则"（*The Pause Principle*）（也是他新书的书名）无疑是一种更好的方法。凯文是顶级猎头和人才管理公司光辉国际（Korn/Ferry）的高级合伙人。高效的领导者（任何岗位上的高效人士）根本不会在扭曲的高速度下持续前进。无论在任何领域，成功的关键都是一样的，即找到恰当的时间停下来思考、反思、充电、创新。在凯文所谓的 VUCA（volatility, uncertainty, complexity, ambiguity 的首字母缩写，即波动性、不确定性、复杂性及模糊性，最早由美国陆军战争学院提出）的世界里，我们都需要不时地抽时间停下来，放松身心与思绪，观察那些在喧哗的日常生活和工作中被忽略的事物。

虽然这种方法现在已基本被遗忘，但是德国思想家约瑟夫·皮珀（Josef Pieper）（逝于 1997 年）在其 1952 年出版的《闲暇：文化的基础》（*Leisure：The Basis of Culture*）一书中表达了与众不同的反主流观点。T·S·艾略特（T. S. Eliot）在英文版简介中也表达了同样的观点。皮珀认为，我们所重视的所有人类文明的形成都需要经过富裕的资本支持和时间沉淀（即闲暇）。在 20 世纪 50 年代早期那样的时代，皮珀就曾这样说过："在我们的……西方世界中，劳动战胜了闲暇。如果不重拾沉默和思考的艺术、（创造的）无为能力，用真正的闲暇代替我们忙乱的消遣，我们将毁掉我们的文化——以及我们自己。"他的文字无疑是激昂的，但他当时可能已经意识到了什么。约翰·盖奇（John Gage），太阳微系统公司（Sun Microsystems）的前首席科学家喜欢开玩笑地说："那些不用参加会议的人往往更能得出惊人的发现、发明和创意性的工作成果。"

另一个有趣的数据点是：硅谷的精英们对加州洛斯拉图斯市的半岛华德福学校（Waldorf School of Peninsula）的追捧。猜猜这所学校有什么特色？该校严禁这些技术行业精英的孩子携带电脑、手机、iPad，鼓励学生使用钢笔、铅笔和编织针等。也许这会令你想起某一位富有创造性的大学辍学者。他自学书法，不学电脑编程，在开创自己的事业并取得惊人的成就之前，他首先是努力了解内在的自我（没错，这个人的名字就是史蒂芬·乔布斯）。

"暂停原则"、瓦尔登湖的再度流行和"远离一切"的理念证明了多数人对这些思想的直观感受。几乎所有人都认同：人们沉浸于对现代生活方式和工作场所的追求，没有时间进行更多的反思——这并不是一件好事。科尔尼全球商业政策咨询委员会 CEO 峰会的反响一直不错，部分原因在于：在这个为期 1～2 个周末的年度会议上，高管们有机会停下匆忙的脚步，从不同的角度思考并了解广泛的概念和趋势。那一刻，他们没有机会去关注其他事情，这使他们认识到"暂停"的价值所在。160 多年前，亨利·大卫·梭罗就描述了这一短暂休息和自我充电的需求，而 60 年前约瑟夫·皮珀又做了类似的描述。这告诉我们，在现代社会中找到清晰思路所面临的挑战，与梭罗和皮珀时期并没有本质的区别，只是加快了进程而已。所以现在的问题仍然是，既然我们已经认识到暂停的必要性，为什么我们还会面临信息过量这样的问题？为什么我们不能做些什么？

那些喜欢概括的思想家总是提出一些宏观的概念性问题。相比之下，技术人员提出的问题多以解决方案为导向，比较精确，更能令我们感到安慰。在时间短暂、期限紧迫的情况下，又有谁不希望为了一个宏观而广义的问题找到一个精准的答案呢？但是，在这个变化莫测的世界，对分析准确性的过分自信带来的结果可能是灾难性的。约翰·哈蒙德（John S. Hammond）、拉尔夫·L·基尼（Ralph L. Keeney）和霍华德·雷法（Harward Raiffa）1998 年在《哈佛商业评论》上发表了一篇重要文章，题为"避免决策制定中的隐藏陷阱"（*The Hidden Traps in Decision Making*）。在文章中，三位作者把以上现象称为"估计和预测陷阱"：即对清晰却可能错误的未来概念过于自信，不能用更加灵活的视角进行规划。这绝不是贬低工程师及技术精湛的技术人员对全世界各种组织机构、公司、政府等做出的贡献，而只是呼吁能够实现同时作为商业领袖和社会群体的更平衡的技能。现在的世界太过复杂，如果没有工程师和科学家的技术能力将很难管理——但是，如果不能从各种思考方式的整体视角考虑，未来将变得不可预测、难以理解。成功需要技术和敏锐的洞察力，同时也需要实际的认知。我们不能等到一切都确定了才继续我们正在做的事或正在追求的事，因为事物的确定性是难以捉摸的（实际上，这种确定性也从未真正实现过）。

■　世界就像弹球游戏，不是轮盘赌桌

过去几年就像坐过山车一样，一想到连续不断的变化、冲击，影响你的养老金和子女职业选择的各种危机，大多数人都会有一种恐惧感。所谓的恐惧，我指的是来自内心深处的非常难受的感觉（直捣你的心扉）。你感到无力或无法控制塑造你生活的各种力量，觉得自己仿佛是一个旁观者。100 多年前，奥斯卡·维尔德曾经说过，"能预料意料之外的事情更能彰显现代人的智慧"，但他说这句话时或多或少有点玩笑的意味。2007 年，世界经济骤然下滑——对我们来说可不是玩笑——分析师和权威人士加班加点地工作（讨论），试图了解这一趋势产生的原因。有人认为是杠杆使用过多和信贷政策的放松导致了经济的下滑，有人认为是因为监管不力，也有人认为是由于外来金融工具的激增。这些金融工具一般都鲜为人知，也很少有人真正理解。还有人指责恐怖分子和耗资数亿美元的战争，更有甚者将其归咎于欧元区的结构失衡。很多人提出，由于近年来对以美国为中心的"浮夸经济"宣传过度，有太多的人做了不可原谅的事情，即：他们真的开始相信自己的新闻公告。

然而，一向受人尊敬的经济学家泰勒·科文（Tyler Cowen）指出了更深层次的变化模式。他认为，在跨入 21 世纪之前，美国贪婪地实现了所有容易实现的增长目标——幅员辽阔的自在乐土、数亿情绪高涨的移民、20 世纪真正改变人类生活的技术突破（电话、电视、汽车、飞机等），使美国越来越成熟的增长引

擎轰隆作响，持续运行。他的观点无疑是非常有趣的。在 21 世纪零零年代中期之前，很少有舆论制造者将全球经济描绘成巨大的赌场，而金融机构（华尔街和其他金融中心）则以前所未有的速度掏空投资者的钱包，而把一堆烂摊子留给其他人去收拾。

另一种观点可被称为"恢复原貌"。这种对历史的理解认为，在受到工业革命和西方崛起的干扰后，世界很快（从历史标准上看）还会恢复正常。反对这种观点的人则认为，几千年来，中国曾是世界最大的经济体，而亚洲是经济活动的中心。受科技进步、军事组织、法律体系及其他"杀手级应用程序"（出生于苏格兰的哈佛学者尼尔·弗格森这样称之）的影响，欧洲及其海外根据地改变了这一现状，使其对自身发展提供有力支持。但是，想一想人口基础因素和技术进步的全球应用，西方国家的这种领导地位还能维持多久？我们的人口只占全球总人口的十分之一，而在我们居住范围内发生的经济活动却占世界的三分之二，这样的情况又能持续多久？持以上观点的人相信，西方的衰退不可避免，至少相对而言是这样的。

还有一种观点认为，全球化虽然推动了西方国家的卓越发展，但它本身是不稳定的，牺牲恒久价值换取短暂财富的行为将对全球化的稳定性产生巨大影响。正如加拿大银行（加拿大央行）行长马克·卡尼（Mark Carney）在最近一次全球金融危机过后所表达的那样，"在下一次全球化的浪潮中，我们应该把基础打得更稳，参与者们应该更加富有责任心。近年来，虽然人们追崇市场实力，但建立灵活市场的承诺并不一定能实现。另外，政策制定者和私营领域有时并不能履行自己的职责"。

以上这些观点到底哪一个是正确的？事实上，它们都对——每一种观点都有正确的一面，应仔细加以权衡，并根据其他观点给予适当考虑。但是，对以上某一观点或分析的过分认同往往会产生一些问题。因为就本质而言，这些观点都是基于一个（或有限的）事实或见解。过分关注任何一条推理思路都将使你错误地否定未考虑到的可能性。所以说，以上观点都是（部分）正确和有用的。但如果全盘接受，又同样都有误导之嫌。

回过头来，我想对那些把世界看成轮盘赌桌的朋友说："把世界比喻成弹球机更恰当一些。要理解这一比喻，我建议你去一趟圣达菲之路遗址（Old Santa Fe Trail），去看看新的圣达菲研究所（SFI）。圣达菲研究所出了多位诺贝尔奖得主，这里同时也是新兴复杂系统研究领域的圣地。"圣达菲研究所一直为人所津津乐道的一个定义是："展现不可预测事物的系统……各系统组成部分之间的相互作用所产生的行为。这些系统相互关联，其反馈流程、非线性变化和临界点以及宏观层面的新显属性都是特有的，无法通过对组成部分的了解进行预测。"但正如我们即将看到的，这是一个特别重要的概念，实际应用性非常强，并不只是说说那么简单。

回过头来，我想对那些把世界看成轮盘赌桌的朋友说："把世界比喻成弹球机更恰当一些。要理解这一比喻，我建议你去一趟圣达菲之路遗址（Old Santa Fe Trail），去看看新的圣达菲研究所（SFI）。圣达菲研究所出了多位诺贝尔奖得主，这里同时也是新兴复杂系统研究领域的圣地。"

一些思想家认为，历史是由伟大的个人，或气候变化，或技术，或新思想形成的。但准确地说，历史是由以上因素以及其他因素相互作用形成的。这些相互作用非常复杂，形式有点类似弹球游戏。各种事件、思想（好的或不好的）、伟大的领袖（甚至专制君主）、气候、创新、个别选择、自然灾害、战争、迁徙、纯粹的事故以及其他驱动因素等互相撞击，相互作用——而这种相互作用现在达到了前所未有的速度。

一些思想家认为，历史是由伟大的个人，或气候变化，或技术，或新思想形成的。但准确地说，历史是由以上因素以及其他因素相互作用形成的。这些相互作用非常复杂，形式有点类似弹球游戏。

有没有什么例子能证明这一点呢？几百年前，一个偏远小国发生的事情不会对世界其他地区产生影响——如果用一种古老的方式表达，这有点类似于在一片空旷的森林里倒了一棵树时所发出的声音，十分微弱。现在快速回到我们的时代，偏远小国冰岛最近发生的事情（共两件）却震惊了整个世界。冰岛的财务危机不但引起了世界轰动，同时还使其他很多国家遭受了重大损失。2010 年，冰岛地区发生火山喷发，引起第二次世界大战以来最大的航空停运事件。共有107 000 次欧洲航班被迫取消，滞留旅客 500 万人。平静的印度洋度假胜地，如毛里求斯、塞舌尔、马尔代夫等都为这一消息所震惊。因为这些地区高度依赖欧洲的航空运输。酒店业未来派、瑞士洛桑市著名酒店管理学院的高级职员伍迪·韦德（Woody Wade）曾经问道："冰岛的火山爆发是否会导致塞舌尔的酒店破产？"如果火山灰的影响再持续几天的话，这个问题的答案也许就会是肯定的。

真正的坏消息是，社会系统日趋复杂（而社会发展速度又增加了这种复杂性）的同时也变得更加脆弱，特别是目前的经济和政治制度。圣达菲研究所（SFI）指出："在这一方面，系统失灵将使我们陷入真正混乱的局面，包括功能失灵、设计失灵，当然还有理解失灵。毋庸置疑，系统失灵造成的混乱远远不止这些，还包括：通信媒介将人们的感知夸大，经济对互联网的依赖日益增加，对在政策制定机构调节下的控制权的争取。"

因此，大家或多或少感到一丝烦恼也不足为奇。

▨ 方向迷失和决策分析

面对海量的信息和认识的不足，个人和组织都在设法把握短暂的确定因素，根据当前的情况采取有意义的行动。俗话说"人们总是事后聪明"，这证明人们在决策失败后，总是找借口说"只有真正经历了未来，准确预测事物之后，才能获得足够的信息，提出正确的见解"。但问题是，如果我们认为世界和未来本身是不可知的，那么我们引用一句对越南战争的讽刺性描述再恰当不过了，即：一个个看似合理的决定最终却引发了灾难。

那么，面对信息过量、困惑迷茫，人们最常采取的行动有哪些？我认为有以下四种：

• 面对复杂、困惑和不断变化的世界，有些人和组织不采取任何行动。最能证明这种反应的例子之一是乔治·W·布什对"9·11事件"的反应。据传闻，在接到恐怖袭击消息后，布什足足呆了7分钟，因为这种事的后果确实无法立即体会（当然，布什总统最终还是采取了非常有效的行动——但有人认为他所采取的行动是因为下述第三点行为的失败）。这种应对方法的缺点很明显，不行动或延迟行动会导致错失有效行动的机会，削弱竞争优势。

● 面对超级复杂的世界，个人和组织的另一种反应是分析自己所见，并对其进行分类，从而掌控局势，通过深入分析做出以数据为基础的决策。几乎没有顾问会低估深入分析的价值，我也不例外。科尔尼公司已有超过 85 年的历史，公司之所以能取得今天的成功，很大程度上依赖于严谨、全面、以事实为基础的分析。然而，用霍根性格测评系统（Hogan Assessment Systems）执行教练的话说，人们常常成为"环境混乱、过度思考和纠结于原因"的受害者。也就是说，过分关注细节，不采取行动，或因拖延导致行动失去效果，最终将牺牲大局。

● 第三种普遍反应是对第二种反应的中和——我们开始会过度分析，但为了避免不作为，我们缩短了这一过程。同时，因为我们对分析很有信心，所以得出了一个被认为不变的结论。

● 对信息过量的最后一种反应（也是最普遍的一种）是采取疯狂、没有重点的行动，缺乏明确的目标——比如，决定花几个小时来处理邮件，逃避手头上令人更加烦恼的问题。

信息过量使决策瘫痪这一问题变得更加突出，也更加危险。说其更加突出是因为它已经无所不在，而说其更加危险是因为它处于更加复杂、脆弱的环境当中。但信息量或现代商业环境复杂性的增加并不是决策瘫痪的唯一原因。其他原因还包括：僵化的思维方式、缺乏应对这些情况的全局视角等。

第2章 变化急剧亦无常

万物繁华，瞬间即逝

毁掉你的不是速度，而是戛然而止。

——鲁迪格·多恩布什（Rüdiger Dornbusch），麻省理工已故经济学家

全球资本市场存在的问题和喷气式飞机一样。虽然更快捷、更舒适，能很快带你到想去的地方，但是一旦坠机，结果也更加严重。

——劳伦斯·萨默斯（Larry Summers），
哈佛大学第 27 任校长，美国前财政部部长

2004 年，雷曼兄弟富丽堂皇的欧洲新总部在伦敦开业。2010 年，佳士得拍卖行以 70 800 英镑的价格拍卖了这里的两块匾额，借此纪念金融危机。佳士得的一位高管说："它之所以吸引人，在于它像车祸一样的毁灭元素。"

来源：汤森路透（Thomson Reuters）

虽然现在看来很难相信，但在 20 世纪初期的一系列艺术运动中，无论是意大利的未来派艺术家、英国的旋涡派画家，还是美国流线型火车头和富有光泽的螺旋桨飞机的设计师，他们都认为速度、噪声、运动、机器、喧嚣的人群甚至工业污染都令人激动，让人解放（Tiffany 至今仍出售 Streamerica 系列的珠宝，该系

列产品是根据海洋班轮时代的速度美学设计的）。

而在我们的时代，快速的变化令人惶惶不安——使世界失去了平衡。例如，眨眼之间，芬兰手机巨头诺基亚已不再是商业世界的宠儿，公司现在已处于悬崖的边缘，摇摇欲坠。诺基亚新任首席执行官史蒂芬·埃洛普（Stephen Elop）指出，该公司目前正站在"燃烧的平台"上——这是紧随英国石油公司（BP）墨西哥湾漏油灾难后出现的另一令人震惊的形象。在致员工的备忘录中（同时也完全透露给媒体），埃洛普描述了公司过于拖沓而且孤立的企业文化。在这种企业文化下，公司既不能看清未来形势，也不能快速调整以适应新的形势，致使诺基亚在智能手机市场失去了先机（智能手机市场现在由苹果和三星主导。其中，苹果公司五年前才开始进军手机市场，而三星曾以从事低价的标准移动设备而闻名）。当诺基亚终于醒悟，开始生产智能手机的时候，它已经跟不上竞争对手的步伐了。

尽管我们并不了解诺基亚衰败的内部原因（虽然我能肯定，很快就会有一些睿智的研究人员编写有关诺基亚的案例，用于商学院未来几年的研究），但它们很可能就是约翰·哈蒙德（John S. Hammond）、拉尔夫·L·基尼（Ralph L. Keeney）、霍华德·雷法（Harward Raiffa）在《哈佛商业评论》那篇经典的文章中所提到的某些决策陷阱。他们笔下的这些启发式缺陷都是一些显而易见的心理陷阱，破坏商业决策的可能性非常大。对于诺基亚的情况，有两个特别的陷阱：一是沉没成本陷阱（Sunk Cost Trap），即为了目前的投资需要加倍努力；另一个是肯定证据陷阱（Confirming Evidence Trap），即在这种情况下，企业一般只寻求那些支持流行观点的证据。

对此，我们没有什么办法，只能接受现实：世界变化的步伐不断加快，消费者的爱好也随之变化，令人难以把握。这意味着，所有企业、产品、品牌甚至伟大思想的消逝速度都会比以往快得多。现在，市场全球化促使竞争不断加剧，公司治理结构也过于频繁地鼓励过分冒险（或过分谨慎）的行为。所以，从这一点上看，我们不难理解为什么那么多标志性的企业现在已经荡然无存，或者面目全非。根据壳牌公司前任情景规划师阿里·德·赫斯（Arie de Geus）的调查，财富500强企业的平均寿命是40~50年。麻省理工的彼得·圣吉（Peter Senge）

预计这一数据将缩短至 30 年。而据《基业长青》的作者吉姆·柯林斯（Jim Collins）观察，在 1955 年评选出的财富 500 强企业中，目前只剩下 71 家，其他的都已不复存在。随着世界经济系统日趋复

根据壳牌公司前任情景规划师阿里·德·赫斯（Arie de Geus）的调查，财富 500 强企业的平均寿命是 40 ~ 50 年。麻省理工的彼得·圣吉（Peter Senge）预计这一数据将缩短至 30 年。

杂、日益脆弱，企业也随之变得更加复杂、更加不堪一击。这让人感到困惑，让企业一直处于防御状态，它们在不断变化的环境中不停地寻找战略立足点。

彼得·德鲁克（Peter Drucker）（已故）总是能先于他人看清事实（他在《哈佛商业评论》1994 年 9 月版中写道）：

商业危机的根源不在于执行不到位，也不在于采取了错误的行动，而在于公司成立或运营所基于的假设已经不符合现实条件。这些

商业危机的根源不在于执行不到位，也不在于采取了错误的行动，而在于公司成立或运营所基于的假设已经不符合现实条件。

假设为公司形成具体行为、做出相关行动决策、明确公司认为有意义的成果提供了依据。它们是关于市场的假设，包括确定客户和竞争对手及其价值和行为的依据；此外，还包括技术及其动态假设、公司优劣势假设、公司业务及经营理念假设等。

简单地说，如果消费者、企业和政府抓住过时的产品、商业和思想周期理念不放，他们将不断陷入困境。现在我们来对比一下通用汽车和大众汽车的不同命运。通用汽车面临很多困难的结构性因素，其中包括高昂的劳动力成本、沉重的养老金和医疗保险负担。但我们不能说德国企业就没有类似的负担。然而，通用汽车最终走向了破产，只能靠美国和加拿大政府拯救，而且目前才刚刚恢复盈利。而大众汽车无论从规模还是盈利能力上都超出通用汽车（根据某些指标来看——大众汽车 2011 年汽车销量为 840 万辆，通用汽车销量为 900 万辆。但一些分析师注意到，通用汽车的数据由于大客户销售有些夸大）。2011 年，大众汽车的利润达到历史最高点——113 亿欧元。通用汽车之所以陷入这样的境况，部分原因在于它高昂的转型成本。通用汽车退出了原来非常耗油的 SUV 和皮卡产

品组合，并且迟迟未能使过于庞大却不够连贯的品牌组合合理化（但必须注意，大众汽车对一些重叠产品型号的营销一直都非常成功）。然而，这也是因为通用公司僵化的结构和冗繁的内部流程造成的。即使现在距通用汽车破产重组已经四年，但它仍然通过 30 个不同的平台生产汽车（开发支持某一特定车型的结构体系非常昂贵），希望 2018 年这一数字能减少到 14 个。随着发动机横置模块化平台（MQB）奥迪 A3 生产平台的推出，未来，大众汽车仅用 4 个平台就能完成其大多数车型的生产。

笨拙的巨人

你不喜欢变化？我想你应该更不喜欢被时代淘汰。

——埃里克·辛斯基（Eric Shinseki），美国将军

因为机构的结构调整进程缓慢，政府将面临最大的挑战——对于那些寻求短期财政压力与长期竞争力和权力挑战之间平衡的政府尤其如此。数据瘫痪和僵化的组织思考方式使这一情况不断恶化。政府、企业和个人如要取得成功，就需要冲破万有引力定律的限制，快速思考长期和跨境发展，并迅速采取行动。开明的政策一般都承载着获得长期而广泛效益的使命，虽然现在它可能会带来明显的痛苦，而且这种痛苦往往会影响确定的拥护者；但令所有人都信服的政治主张几乎不存在。

说到事物繁荣期缩短的问题，你有没有注意到：金砖四国的首字母缩写BRICs（分别为巴西、俄罗斯、印度和中国）在短短几年里从无处不在到现在已经几乎绝迹？个人和企业在采取行动前必须接受范例，在探索大规模新兴市场机遇时，金砖四国的理念显得简单易行。通过金砖四国的案例，我们可以清晰地认识复杂的世界。是的，世界经济、人才、军事力量的中心正从西方向东方、北方向南方快速转移。但问题是，我们很难衡量它的具体影响。

那么，21 世纪是否会比 20 世纪更加和平呢？希望如此吧，但我们也无从得知。不过我们清楚，新兴市场（无论大小）都不再只是低成本生产中心。它们

已经凭借自身的实力成为高端消费市场，成为美国和欧洲的成熟投资者（不是借款者）。新兴世界的大都市和人们在华盛顿看到的景象一样：在一片豪华富豪区旁边就是一片贫民区，他们住得那么近，差距却是那么大。事实上，拉格斯、尼日利亚（我早期曾在这里工作过）这些地方就像时光机一样：在一条街上你见到的是 21 世纪的繁荣景象，而穿过这条街道，你可能会看到石器时代的景象，真的一点都不夸张。

最令人诧异的是，在拉格斯、圣保罗或孟买等地的贫民区，先进技术随处可见，可居民的生活勉强才达到中世纪水平。在这些大城市犹如石器时代一样的居民区中，似乎每个人都拥有一部手机。手机在发展中国家的普及程度高得令人咋舌——以巴西为例，2011 年年末，该国的手机普及率已达到 114%，移动电话用户的数量比人口总数多 2 800 万。而印度的无线用户数量达到 8.8 亿户。这些发展中国家的技术迅速发展，已经从 2G 网络，或纯语音服务升级到 3G 标准服务（在发达国家已经应用多年），为移动网络连接提供了支持——同时也带来一些出乎意料的收益。不久前我去了印度，发现当地的外来务工人员在酒类产品上的消费有所减少，而对 3G 手机的使用有所增加。忙碌的一天结束后，这些务工人员可以通过手机上网观看板球比赛或最近的宝莱坞电影，而喝酒（有时是过度喝酒）不再是他们的主要消遣活动。未来几年在印度，信实工业集团的先见型领袖穆克什·阿姆巴尼（本书序言作者）将带头推出新一代（4G）无线网络技术。因此我们预计以上趋势将进一步加快。根据媒体报道，信实工业计划的 4G 服务价格为 10 卢比/GB（合 0.2 美元）——是其最有力竞争对手当前价格的 1/10。

新的消费电子技术的推出能够带来有趣和不可预料的结果。有些人把美国电视机的普遍应用与人口出生率降低相联系。1950 年，电视机的普及率还是零，而到 1960 年提高到了 86.9%，1970 年进一步提高至 95.3%。在同一时期，美国的人口出生率下降了 25%。由此看来，随着电视机在人们日常生活和娱乐中的位置越来越重要，人们开展传统（生育）活动的频率有所降低。当然，这一时期人们对避孕的广泛接受也是出生率下降的原因之一。不过，研究手机信息娱乐对部分快速发展经济体的连锁影响还是非常有趣的。

一般来说，周围新兴世界的发展给我带来很多惊喜。数十年来，巴西一直处

数十年来，巴西一直处于通货膨胀、秩序混乱、业绩萎靡不振的状态。而现在，巴西已经成为世界最富生产力、效率最高的农业综合业务大国。想一想你在美国或欧洲乘坐的漂亮的支线客机，它们可能就是由位于圣若泽杜斯坎普斯的巴西航空工业公司设计生产，并以诱人的价格出售给我们的。很多人提及墨西哥就想到城市毒品战争……但有多少人知道自己在超市买的面包是由墨西哥顶级企业宾堡集团（世界上最大的面包生产商）生产的？

成功大多转瞬即逝：快速回忆一些具有代表性的商业书籍便可以了解这一点，例如《从伟大到卓越》（*Good to Great*）、《追求卓越》（*In Search of Excellence*）等。从这些书中你可以找到有关创新范例的商业案例，如房利美（Fannie Mae）、阿姆达尔（Amdahl）、数据通用公司（Data General）、迪吉多（Digital Equipment）、王安电脑（Wang Labs）等。这些范例能给你带来一些前车之鉴。当然，这些公司在当时都是伟大的企业，任何创新者排行榜都是公司变迁的缩影。同时，逆境是一位伟大的老师，这点也非常重要。很多坚韧、执着的创新者都生于艰苦时代（FedEx、微软、苹果等公司都创立于 20 世纪 70 年代，当时由于通货膨胀，经济停滞不前）。

我们甚至可以追溯到更远，如通用电气（1892 年）和宝洁（1837 年）等大公司，它们都成立于或经历了所谓的"长期萧条"时期——从 1873—1893 年经济持续低迷。这段岁月现在早已被人遗忘。铁路投机导致了那次金融危机，引发了长达 6 年的经济大萧条。此后的 15 年，经济增长一直非常缓慢，失业率也是居高不下。是否觉得当时的情景和现在的全球经济现状有点相似？其实，很多人都有这样的感觉。但是，我们的问题不是这种低迷状态将持续多久，而是哪些公司穿透迷雾抓住了机会，为未来的可持续发展打下了基础？

如果不去探索创新性思想，寻找创新机遇，也不为应对新的发现做任何准备，那么你将无法实现创新，取得成功。你不能把所有的时间花费在应对快速无常的全球变化上。你必须具备足够的运营智慧来维持你的企业，实现未来发展潜力。同时，你也必须具有远见卓识，这样才能够把握未来。无论对于个人职业发展、投资决策，还是对于企业领导人、政府政策制定者来说都是如此。你可以这样说：你需要一脚踩刹车，一脚踩油门。

回忆一下本章提到的两个成功案例——苹果和大众。它们都有非常强的战略方向感，不因新的情况或商业周期变化而动摇。这两家公司之所以能够成功，原因有很多。但我们需要重点思考的是它们的领导和组织模式。

首先来说一说苹果。在持续的一段时间内，前任首席执行官史蒂夫·乔布斯（已逝）的远见卓识和完美主义精神成就了苹果公司的辉煌。乔布斯对媒体或分析师的批评无动于衷，甚至拒绝向投资者提供收益预测。他敢于坚持自己的信念，不仅发起了消费性电子产品行业的变革，也推动了媒体、音乐、娱乐产业的变革。那些随风摇摆的高管迎合每一个转瞬即逝的消费者需求，对于他们来说，苹果公司的成功是不可能被复制的。

现在再来看大众。大众汽车把长期愿景根植于企业文化当中。和大多数德国上市公司一样，大众汽车的监事会成员不仅包括管理层和股东代表，还包括工会领导及政府官员。虽然这样的结构使公司治理更为复杂，但是它扩大了公司的利益范围，促使公司考虑那些不仅关心季度收入报告的利益相关方的观点，有助于调整并梳理公司决策。大众汽车是世界上最大的汽车制造商之一，但在许多方面，它仍然表现出家族企业的特质。大众成立于 1937 年，由具有标志性的大众甲壳虫设计者费迪南德·保时捷（Ferdinand Porsche）创立（令人尴尬的是，大众甲壳虫是为阿道夫·希特勒设计的）。现在，大众汽车的主要股东仍然由费迪南德·保时捷（Ferdinand Porsche）的后裔组成，包括他的孙子费迪南德·皮耶希（Ferdinand Piëch），现担任大众汽车董事长。虽然皮耶希不如史蒂夫·乔布斯（甚至史蒂夫·鲍尔默）的媒体关注度高，但他绝对是汽车行业的梦想家，对汽车特别痴迷，在敏锐地把握长期方向和传统中游刃有余。事实上，根据报道，皮耶希已经为其股份建立了信托基金，确保在他的 12 个孩子继承自己遗产的时候，这些财富不会外流。

20 世纪 90 年代英国管理学思想大师查尔斯·汉迪（Charles Handy）曾经说

过："企业应该设立两类股东：一类是具有投票权的永久股东，他们不能出售所持股份，除非规定了具体的出售时间；另一类是不具投票权的股东，他们能够按照自己的意愿随时购买或出售股份（汉迪将这类股东称为'punter'，意为'投机家'）。"尽管这一理念并不新颖（很多欧洲的家庭控股与上市公司都采用双级股权结构），但它却在硅谷引起了强烈的共鸣，这一点倒是非常有趣。谷歌近期开展了拆股活动，新发行的股票不再具有投票权，目的是保证创始人的长期控制权。一些企业治理专家和机构投资者不禁为此哗然，而其他投资者则把这种控制视为一种长期的管理权。

公司治理专家安东尼奥·博格斯（Antonio Borges）拥有辉煌的职业生涯，他曾担任：国际货币基金组织欧洲部主任、高盛国际副主席、著名商学院欧洲工商管理学院（INSEAD）院长、葡萄牙央行副行长等职。他很喜欢向人们展示美国、英国、欧洲大陆管理模式的不同——这些不同点非常重要，值得全世界来学习。

安东尼奥认为，美国的公司体系素来是公司治理标准最低的（至少在近期潮涌般的立法和规定出台前是这样的）。在美国体系中，没有明确区分管理层和董事，它大量运用毒丸计划——设立交错的董事会、非独立董事，包括兼任董事会主席的首席执行官。美国公司体系最大的优点是市场至上原则，表现不好的人很快就会得到顺应市场发展的结果，如管理层解聘、接管等。但该体系的核心问题是存在引发市场欺诈行为的诱惑，比如安然公司案例及许多其他我们不愿想起的案例。

英国的公司治理标准一直被认为是全世界最先进的，至少名义上是这样的。和美国相比，英国市场并不那么强劲，也不起决定性的作用，但是英国的高管们普遍感受到来自董事会的压力，他们对董事会非常负责。管理层的作用非常明确，就是管理公司运营，而董事会则负责公司治理——就像球员与教练的关系，如果你愿意这样认为的话。

在欧洲大陆，很多上市公司多由创始人股东及家族股东控制。这种模式未必不好：它能提出较高的业绩及标准要求。而这种模式面临的问题是，如何在确保所有股东（不仅指控股股东）利益的同时维持公司的运营。

是否将以上三种体系标准的优势相结合才能形成最佳的公司治理模式？是否

需要将严格的市场约束、董事独立性（包括严格的分权制）和有效的所有权在世界范围内的企业普遍应用？对于很多业绩良好但治理较差的企业（或公司治理严谨，但业绩不佳的企业），这些问题自相矛盾，困扰人们多年。

有人可能会说，本章提到的公司所遵循的模式有明显的弊端。如果企业形象过度依赖对高管层的个人崇拜，那么当这一备受崇拜的关键人物离开或去世时，公司将面临很大的风险（很多人指的是苹果公司）。苹果是否会如人们所说，还是让时间来验证吧。但早期迹象说明，乔布斯在预知自身死亡到来之前，委任了一批优秀的高管。他们和乔布斯有着相似的决心（虽然可能没有乔布斯般的天赋）。同样，有关传承数代的家族企业的记录也是喜忧参半。很多时候，继承人往往缺乏其祖先所具备的激情与天赋。但是，也不乏有一些成功继承的例子。例如皮耶希，他只要能像菲亚特（Fiat）一样就可以了。菲亚特（Fiat）控股股东和意大利的标志性人物吉亚尼·阿涅利（Gianni Agnelli）精心挑选了一位非常有才干的继承人担任菲亚特（Fiat）和 Exor 的总裁，也就是他的孙子约翰·埃尔坎（John Elkann）。阿涅利家族的投资控股手段有很多，包括菲亚特、高纬环球（Cushman & Wakefield）、尤文图斯足球俱乐部（而埃尔坎也是独具慧眼，任命塞尔焦·马尔乔内（Sergio Marchionne）重整菲亚特。现在，菲亚特看起来比前几十年更加辉煌）。

关于我自己的公司，我可以这样说：科尔尼公司高度重视透过急剧无常的变化来看待问题——在管理层买断（Management Buy-Out）后过去六年的复苏时期尤其如此。自始至终，科尔尼的企业文化和咨询风格都以提高运营业绩为基础，不局限于提供建议（我们一直努力实现新的品牌陈述中所倡导的精神："成效立显，优势益彰"）。

▥ 警惕自我封闭与自我隔离

一切已非往昔，或许向来如此。

——威尔·罗杰（Will Rogers）

我不想过于留恋早期的黄金时代。实际上这样的时代从未真正存在过，但那时人们至少有更多相同的文化。部分原因是因为那时人们的选择有限（我记得小时候，电视只有三个频道！），强迫大家每晚观看同样的新闻，阅读同样的报纸（*Time* 或 *LIFE*）（其他国家类似的报纸）。过去没有像今天这样的科技支持（或威胁），人们的生活节奏要慢得多。他们有时间进行更多面对面的交流，参加本市或社区的团体活动。当然，没有先进技术支持的生活也有明显的缺陷。因为选择有限而导致的一个重要结果在于，人们不得不与邻居及其他市民建立良好的关系，适应他们不同于自己的个人兴趣、政治及宗教观点。

而今天，你可以完全逃离本地的现实生活，通过宽带连接沉浸在自己所追求的一两个狭窄的兴趣当中，享受私人空间带来的安全感。精明的营销人员对社交网络工具的利用越来越娴熟，他们通过这些工具把小的团体进行细分，形成埃德蒙·伯克（Edmund Burke）所谓的"小分队"的极端版本——但是却没有保留埃德蒙·伯克所设想的更大的社会关系网。埃德蒙·伯克曾说过："喜欢并热爱自己所属的社会群体、小分队是建立公共情感的首要原则（起点）。"

从某种意义上讲，以上观点是现代消费心态细分过程的自然延伸。在消费心态细分中，对社会群体数据的关注超过了对人口统计、地理、收入等标准尺度的关注，包括生活方式、个性、社会地位及态度、兴趣、观点（AIO：Attitudes，Interests，and Opinions）等特征，目的是了解这些特征对购买行为的潜在影响。一些拥有丰富数据和强大处理器的企业新近开发了心理学演算法，可用于预测和鼓励购买决定。比如谷歌，它根据用户的网络浏览记录播放广告，推广用户可能感兴趣的产品。

谷歌不断向你推荐与你近期购物经历相关的产品，或与你最近搜索内容相关的新话题，这样虽然很方便，但会使你的圈子不断缩小，因此存在一些明显的缺陷。最新开发的一项技术可以向用户推广好友或社交网络楷模所购买或高度评价的产品，鼓励用户与好友购买吸引他们的商品，并通过向用户推送相同的新闻和观点来强化购买决定。

社交网络技术的初衷是加强人与人之间的联系、拓宽经验和投入，但是最终却取得了相反的效果。这难道不是一种讽刺吗？其实问题并不在于技术本身，也不在于扩大接触人群的能力，而在于这种用来增加联络的应用以牺牲人际关系为代价。现在，在 Facebook 或 LinkedIn 添加好友的目的性都非常强。我并不是反对这两个网站，但是由于经历和价值观相似，这些交易性的联系常常被视作现实人际关系的替代。

我记得 Facebook 的首席运营官雪莉·桑德伯格（Sheryl Sandberg）在达沃斯论坛上说过，社交网络技术为那些试图突破自己有限的现实关系网络的人开辟了新的途径，用 Facebook 的说法就是：认识网友的朋友。她举了一个例子，是关于一对夫妇收养孩子的过程。这对夫妇一直无法通过常规途径找到合适的收养对象，但他们通过接触更多的网友最终实现了这一愿望。这些网友与他们兴趣相投，愿意伸出援助之手。有关这件事的图片标题为：在朋友的朋友帮助下，我们成功收养了孩子。

但对很多人来说，这种累积的联系与现实中的人际关系是完全不同的。而且这点绝不仅限于个人方面——事实上，企业在这方面的应用更甚于个人。我们看一看投资银行高盛在其增长瓶颈时期的企业文化演进便可以了解这一点。高盛曾经因其学院式的团队文化、不遗余力地以维持长期客户关系为重心而闻名。一位即将离任的高管批评高盛越来越注重达成交易。格雷格·史密斯（Greg Smith）在《纽约时报》发表了一篇题为"我缘何离开高盛"的社论文章，指出：有些员工将客户戏称为提线木偶。

高盛的豪华新总部大楼从某种程度上体现了其企业文化的转变，甚至标志着公司已经发展到了顶峰：高盛以前的办公室位于南曼哈顿百老汇大街上的一座普通预制混凝土写字楼，2009 年搬到了位于西街 200 号的新总部，这是由星级建筑师事务所贝聿铭（Pei Cobb Freed）专门设计建造的。据建筑评论家保罗·戈德伯格（Paul Goldberger）称，该建筑是一座时尚的 43 层"低调的宫殿"。这座总部大楼是否将成为一座标志性的建筑，用以展现建造者的实力和创意，还是会成为 2000 年繁荣落尽之时设计的"白象"？还是让我们拭目以待吧。在本书的写作过程中，Facebook 正式将总部迁至加利福尼亚州门洛帕克市黑客路（Hacker Way）1 号。如果只是想一览 2012 年前后硅谷成功的风采，Facebook 的总部也绝对值得一看。

可以这样说，这些发展并不能促进公民参与或公民团结，这是基本的事实。

表面上看社会是一个大熔炉，但技术的发展使熔炉里面的各个群体更加封闭，而且这样的趋势已经越来越明显了。科学技术实现了低成本的联络，使新移民能够即时与家乡取得联系，避免被同化。我小时候在纽约长大，那里有很多新移民。因为航空公司的高昂收费，从意大利移民来的父亲和美国出生的母亲根本没有返乡探望的打算，也不会给老家打电话叙旧，他们甚至不看意大利语的电视频道。在多数情况下，你必须努力融入美国社会，使自己被同化，甚至要变得比苹果派更本土化。

技术的发展也没给教育界带来什么帮助。现在，教育界的两极分化程度越来越严重：一极是美国伟大研究型大学中的佼佼者，英国的"剑桥、牛津"，世界其他资金充足的私立和市郊学校；而另一极是世界其他几乎所有地区情况越来越糟糕的学校。教育程度低和就业条件差、失业率高（丧失信心）等是紧密相连的。而功能性文盲是如此普遍，逐渐使我们就会对此麻木。即使对精英们来说，他们的专业知识面也越来越窄。这意味着新一代的经理人和技术人员的知识储备将不具备真正的领袖应有的外围视野。如果商学院学生或其他大学生（包括我的孩子）问我他们应该做什么，我会告诉他们追求自己的梦想，培养自己在某方面的专长，不断拓宽眼界，活到老，学到老。深入的专业知识虽然是必要的，但在推动职业成功上，单靠它是远远不够的。

考虑到这些复杂的因素，我们就不难理解为什么现在有那么多人把自己封闭在自我的私人空间里（前提是他们有这个条件）。有些富裕的人希望能进一步远离世界：因此，一群年轻的企业（以硅谷巨头为主）开始为海洋家园运动提供资金支持。它们想试验新的私人辖区的概念，准确地讲就是，领海以外的离岸平台。我想你不能完全责怪这些企业，因为现在很多人对政治、政府以及下一届领导人都缺乏信心，所以他们有一种与社会脱节的感觉。Buleseed 是由几家海洋家园运动的投资者集资创立，是一个比较中性的概念，即"硅谷免签离岸社区"。Blueseed 计划将于 2013 年年底或 2014 年年初推出，为全世界的技术人员提供一个工作和生活的地方，地点位于距旧金山湾区海岸 12 英里①（公海）的泊船上，使他们不必再为美国 H1 - B 等签证的烦琐手续而烦恼。你的硅谷（美国）梦将在这片"古戈尔普勒克斯的海域"（意即无限的海域）上实现。

与此同时，想成为海洋家园协会会员的人可以购买 MS 部落（MS The World，一艘由其居住者所有的船只，整艘船就是一个社区）上的公寓。MS 部落是"世界上唯一的私有海上居住区，居民在家里就可以环游世界"。这艘船由福罗里达州 ResidenSea Miramar 公司运营，悬挂巴哈马的国旗。船上有 165 家工作室和套房，价格从 60 万～1 300 万美元不等，每月的服务费 2 万美元起。根据媒体报道，虽然该船的行程非常吸引人（从开普敦到波利尼西亚，然后再从里约热内卢到嘉年华等），但船上的业主还是表达了不满的情绪。他们表示，船上并不是一直处于令人愉快的氛围。额外的收费游客令人厌烦，他们只交纳业主所交费用的一小部分。哎，乌托邦从未如此让人感到困惑。

你不用冥思苦想为何逃避现实（各种形式）在当今社会如此流行。这一点其实很容易理解。也许你买过蒂莫西·费里斯（Timothy Ferriss）的畅销书《每周工作 4 小时》。该书描述了一种将生活和职业外包的模式，在寻求快乐的同时还能获得利润，而且这种模式是非常难以复制的。据报道，费里斯甚至将其个人感情生活外包，通过"掌上电脑寻找约会对象"。《时尚先生》的一位主编 A·J·雅各布斯嘲讽费里斯聘请印度团队为其筹备派对、阅读邮件、回复电话的行为。雅各布斯说："他的印度团队非常成功，他甚至请人负责他的焦虑情绪。"雅各布斯还半开玩笑地说，"将神经衰弱外包是我最成功的试验之一……每当我开始沉思的时候，我就提醒我自己'我的远程数字助理'正在解决这件事，然后我就能放松了。"

另外，较年轻的一代没有那么多的方法，他们用自己的方式把自己与这个世界隔离开来。如越来越多的人开始集体拒绝有关成年的传统观念。过去，父母一般认为对子女的经济支持义务到 22 岁或 24 岁就结束了，而现在他们认识到子女要到 30 岁甚至 40 岁才能真正独立。根据皮尤研究中心（Pew Research Center）

---

① 1 英里 = 1 609.344 米。

的调查发现，25～34 岁的美国成年人中有 29% 和父母住在一起，他们被称为
"啃老族"。不像以前的几代人，78% 的"啃老族"对现在这种状态表示欣然接
受，没有一丝羞耻的感觉。只有 25% 的"啃老族"表示与父母的关系格外紧张。
美国的这一社会现象无独有偶：在法国，31% 的 25～34 岁人群与父母同住；在
德国，约有 40%；而在英国这一比例接近 42%。西班牙由于房产泡沫破裂，年
轻人失业率达到 50% 以上，所以 25～34 岁仍与父母同住的人口比例高
达 52.2%。

　　毫无疑问，以上现象的部分原因是经济的持续低迷和失业率的居高不下，而
啃老族的出现并不是经济需求的唯一体现。事实上，皮尤研究中心发现，89% 的
"啃老族"会提供一定的家用补贴，48% 会向其父母支付房租。但除此之外，很
多年轻人似乎不太愿意大胆地迈向独立生活。其中有一些人甚至认为：现在的世
界不值得接受。《华盛顿城市报》在新闻界虽然不是最有威望的，但常常也能发
表重要的标志性文章。近期，该报刊登了一篇题为"拒绝成年：我不想长大！"
的文章。在这个充满危机的动荡年代，没有什么比在一个不稳定的社会寻求安定
更没有吸引力和令人沮丧的了。

第3章 没有掌舵者的世界

愤怒的民粹主义、无能的政府和迷途的资本主义

我们都知道要做什么，但我们不知道一旦去做了又要怎样赢得连任。

——让·克洛德·容克（Jean – Claude Juncker），
卢森堡首相及欧盟委员会前任主席

大型机构的运转主要是大量的例行公事、略微的恶意、利己主义、粗心大意和纯粹的错误所产生的结果，仅有一小部分来自于思考。

——乔治·桑塔亚纳（George Santayana），西班牙裔哲学家、哈佛教授

人类在步入社会形态之前的自然状态其实是战争：不是简单的战争，而是人人相互为敌的战争。

——托马斯·霍布斯（Thomas Hobbes）

套用披头士的说法：你说你想要一场革命？诚然，如今的街头满是愤怒的民众，但与 20 世纪 60 年代的抗议活动不同的是，这种怒火并没有把人们引向某个明确的具体目标。

来源：Kevork Djansezian/Getty Images

10 年前我在达沃斯参加会议的时候，催泪瓦斯的气味让我回想起 20 世纪 60 年代我在芝加哥读大学时的情景。我当时正在著名的瑞士滑雪村参加世界经济论坛年度会议，在这里你在几天内遇到的 CEO 和有权势的人物以及感受到的激励真的可以比旅行一年遇到的还要多。这个国家以近乎固执的秩序而闻名于世，因为这一年度盛事在此地召开，因此安保人员总是神经紧绷，仿佛手工制作的瑞士表上的弹簧一样。

然而，尽管警察都配备了自动手枪，还有巡逻警犬，我还是目睹了一场骚乱。这不是攻占巴士底狱，而是袭击达沃斯当地的麦当劳网点。起初在我看来这个事件毫无道理：我印象中发生在 60 年代，也就是我还在芝加哥大学读书时的那些大规模抗议都有着明确的目标（例如反对越战、争取美国黑人或妇女的平等权利、保护环境，等等）。但捣毁麦当劳？说真的，这能达到什么目的？（当然这件事倒是成为吸引公众眼球的头版新闻）

▨　茶党和占领运动：一丘之貉？

正如我们从过去的挫折中总结出的教训，现在无论在哪里发生的一件事情都可能引发"蝴蝶效应"。而且毋庸置疑的是，许多人都发现如今的变化速度着实让人害怕和迷惑。一些人持有奇怪的阴谋论；还有一些人则被极端团体或政治党派所吸引。很不幸的是，这种趋势在今天仍然愈演愈烈。

直到后来我才完全了解这一事件的重点不是针对某项具体的政策议程，抑或是表达某个利益集团的谈判立场，而是一次积压已久的愤怒的爆发。正如我们从过去的挫折中总结出的教训，现在无论在哪里发生的一件事情都可能立即引发"蝴蝶效应"。而且毋庸置疑的是，许多人都发现如今的变化速度着实让人害怕和迷惑。一些人持有奇怪的阴谋论；还有一些人则被极端团体或政治党派所吸引。很不幸的是，这种趋势在今天仍然愈演愈烈。民粹主义运动，比如占领运动和茶党运动，在全球范围内爆发，甚至出现在素来以宁静著称的斯堪的纳维亚——在这里，对欧盟持怀疑态度的正统芬兰人党在芬兰议会中扮演着关键角色。而将这些集团联系在一起的共性仅仅是一种直觉，即认为政治机构已经腐败或者被人招安，在没有重大干预的情况下，他们对普通民众的需求置之不理。这些集团感受到的脱离政府的程度各有不同：正统芬兰人党利用他们的国家政府机构对抗超国家层面的治理结构（欧盟），茶党希望通过政府来制订变革计划，但是却绕开了传统的政党结构，而占领运动则完全不同于任何可识别的组织形态。

以上运动中没有哪一个的意识体系能让我觉得合乎逻辑，但难以否认的是，他们都获得了广大民众的支持——实际上，我们很容易就能理解这些支持者的挫败感。毕竟在最近的历史上又有多少真正的、激烈的公开辩论被切切实实地纳入最重大的政治决策中呢？欧元和其他重要的欧盟新生事物是在公民没有直接参与的情况下出现的——这一点毫不奇怪，因为据跟踪记录显示，全欧洲能够成功地通过投票决定的措施屈指可数。伊拉克战争很大程度上是既成事实，此外还有问题资产救助计划（TARP）、汽车业财政援助以及近期的各种饱受争议的其他政治决策，等等。关键不在于某个人是否同意或者不同意某个具体的政治行动，或者在某些情况下，政治家是否在采取应对危机的行动之前恰当地征求了民众的意见。民众常感到自己完全是置身事外的，他们成为事件的旁观者，不仅对所发生的事情没有控制能力，甚至都没有发表自己看法的权利，这种现象并不稀奇。

中国香港回归前的最后一任总督，现任牛津大学校监及英国广播公司（BBC）主席的彭定康这样说：民粹主义和保护主义"接踵而至，是被不安全感、对变革的恐惧、仇外、对不时让人感到厌恶的现实闭目不见以及对黄金时代的渴求所释放出来的"——"跟假药一样历史悠久，跟卖假货的商人和江湖郎中的药方一样古老"。

并非民众的所有主要担忧都是故意夸张或者想象出来的：在自然灾害、不断变化的气候、供应中断、恶意行为或者其他因素的作用下，没有什么比我们的食物或水源受到污染或者供应中断更加可怕的了。你可以回忆一下最近席卷几大洲的食品骚乱和大宗商品价格的疯狂上涨。顺便说一下，因一些国家肆意上涨的面包价格而产生的愤怒，实际上与茶党成员或正统芬兰人党对高税负或者欧盟监管的失望所产生的愤怒是类似的，仅仅是所处背景和发展程度不同而已。

另外，民粹主义在一些国家只是小打小闹，而对另外一些国家而言，它却是苦难的根源。塞巴斯蒂安·爱德华（Sebastian Edwards，加州大学洛杉矶分校安德生商学院亨利福特二世研究教授及世界银行拉丁美洲前首席经济师）曾这样说道："在18世纪，南北美洲殖民地的生活标准基本一致。但是到了1820年，拉丁美洲的人均收入约为美国和加拿大人均收入的三分之二。2009年，拉丁美洲的人均收入又降到约为北美地区人均收入的五分之一。"为什么会这样呢？从根本上讲，是无休无止的、混乱的民粹主义承诺的空头支票的循环以及暴政滋生造成的。塞巴斯蒂安是来自智利和芝加哥的一个聪明小子（他在芝加哥大学获得博士学位），他曾说在这一地区的所有国家中，只有智利曾经有能力打破这种轮回——虽然他也曾赞扬过巴西，因为巴西日趋蓬勃的企业实际上已经摆脱了这个庞大国家的部分历史问题（你可别被他的威尔士名字爱德华给误导了：塞巴斯蒂安是智利某大型商业帝国的后裔。除此之外，塞巴斯蒂安在闲暇时间也是一位杰出的西班牙语小说家）。

> ……民粹主义领导人展现出了一种雄辩的、魅力超凡的、无限的能力，仅仅通过许愿来承诺给人民更好的生活——而不是通过遵守纪律、节俭和辛苦工作实现的。而在实践中，民粹主义的扩张性政策常常会产生短期的繁荣……
>
> ——埃内斯托·塞迪略（Ernesto Zedillo）

墨西哥前总统埃内斯托·塞迪略（Ernesto Zedillo），现在是耶鲁大学教授（20世纪70年代他曾在此获得学位），也对这一话题做出了权威的发言："不管是独裁主义，还是民主主义，不管是左派人士，还是右派人士，民粹主义作为拉美政治舞台上最普遍的政治理念已经存在几乎一个世纪了……民粹主义领导人展现出了一种雄辩的、魅力超凡的、无限的能力，仅仅通过许愿来承诺给人民更好的生活——而不是通过遵守纪律、节俭和辛苦工作实现的。而在实践中，民粹主义的扩张性政策常常会产生短期的繁荣。这一现实情况，加上民粹主义者喜爱和采用的分裂社会的花言巧语，有时会引发暴力，打开通往更糟的独裁主义制度的大门。"从 20 世纪 50 年代阿根廷的贝隆夫人和胡安·贝隆的魅力，古巴菲德尔·卡斯特罗数十载的任期，直到最近乌戈·查韦斯执掌了委内瑞拉政权，民主的外衣和口号频繁地成为铁腕统治的一种掩护。

　　实际上，虽然贝隆已经去世很久了，但贝隆主义仍然十分活跃。正如我们看到的，最近阿根廷政府宣布将该国最大的石油公司 YPF 公司重新收归国有——YPF 公司价值约 100 亿美元，国有化之前 51% 的股份由总部在西班牙的商业集团雷普索尔持有。摩西·纳伊姆（Moises Naim），华盛顿的思想家和作家，曾在改革时期担任过委内瑞拉贸易和工业部部长，他说："……客观的观察人士会同意一点：此举既算不上总体发展战略的一部分，也不是资源民族主义的表现——甚至也不是其他任何一项隶属于某个重大计划的、经过精心策划的举措。相反，任人唯亲、寡头之间的不和、政治上的权宜之计、民粹主义以及想要取悦对 20 世纪 90 年代私有化怀着不满情绪的民众，所有这些才是促成阿根廷政府做出国有化决策的因素。"

　　丘吉尔有句名言："民主是最糟糕的政体，但却是其他已经试验过的政体中最好的。"在过去的 200 年间，民主政体已在世界上占据了主导地位，不仅仅在西方世界，在发展中国家也是如此。麻省理工经济学家达隆·阿西莫格鲁（Daron Acemoglu）和哈佛大学政治学家詹姆士·罗宾逊（James Robinson）合著的《为何国家会失败：权力、繁荣与贫困的起源》一书中更进一步地将他们称为包容性政府的根源追溯到 1688 年英格兰所谓的光荣革命。他们认为，包容性的政府，或者目的在于实现平等的政治和经济参与度的体系能促进增长，而以专制政权或者威权体制为特征的榨取性政府倾向于集中财富，同时限制增长、孕育不稳定性。包容性的、创造增长的统治总是与民主联系在一起，但有些人开始质疑自由主义的代议民主制实际上对普惠式增长和不断提高的生活标准形成了独裁。

■ 收益私有化，亏损社会化

……我们已经缔造了一种内幕人资本主义，它利用、事实上也制造了补贴和税收上的漏洞，让内幕人士得以从中渔利、大发横财，而非诚实参与竞争。

——马丁·沃尔夫（Martin Wolf），《金融时报》首席经济评论员

你无法阻止机构的倒闭，我的意思是这种事情是不可避免的。当一家机构倒闭的时候，应由股东，然后是他们的债权人承担损失，而不是最终由纳税人承担。

——马克·卡尼（Mark Carney），加拿大中央银行行长

一直以来，最强的增长动力之一就是 18 世纪以来有限责任股份公司的发展。它让投资者用资本换取一定份额的利润。它的革命性意义就在于股东既不会永远被困其中，他们的潜在亏损也不会漫无止境。他们可以出售自己的股票，他们的亏损也仅限于他们的初始投资。然而，亏损的责任由公司承担，而不是政府或者范围更广的社会。这一风险收益结构实际上就是现代经济的基础。

朋友们，坏消息是：这一模式已经崩溃，而我们正因此承受压力。如今我们步入了一个窘境：亏损由大众承担，但不是一小撮政府官员捞走了好处，而是被社会关系优越、坐拥巨额财产的超级富豪捞走了。大型投资联盟、公司、对冲基金、银行家、公共部门借款人等通常是获益方，而亏损（如果足够大的话）则被社会化，由大众分担。

为避免大家认为这种问题完全是 21 世纪的现象，我特别引用了美国第七任总统安德鲁·杰克逊对美利坚合众国第二银行的管理层所说的名言，该银行在 1834 年被安德鲁·杰克逊总统关闭。

"我已经派人监督你们很久了，我确信你们使用银行的资金投机国家的食品原料。当你们获利时，你们自己人分享利润；而当你们亏损时，你们就把账记在银行头上……你们就是一群毒蛇、一群小偷。"

区别在于，当今世界比"老山胡桃"（杰克逊因做法强硬而被冠以该绰号）

的时代连通性更好，速度更快，而且利益更大。哈佛学者丹尼·洛迪克（Dani Rodrik）将这群富有的、社会关系优越的、精明的上层阶级称为"移动的少数阶层（mobile minority）"，而把余下的被困在那里承担责任的民众（从字面和地理术语角度也意味着无法迅速移动）称为"无法迅速移动的多数阶层（immobile majority）"。

私有的、营利性的个人和机构获得的其他形态的公共层面的支持可能没有这么明显，但成本仍然不菲。你可以想一下美国和欧洲对农民的保护措施或直接资助（与加拿大和澳大利亚的措施形成对比），日本向僵尸银行、公司以及众多市场中向汽车生产商提供的保护措施或直接资助。这绝对不是成功运营经济体的方式，但这样的事情我们却越做越多。

美国哥伦比亚大学印度裔经济学家贾格迪什·巴格沃蒂（Jagdish Bhagwati）这样描述我们的市场经济，称其已经偏离了熊彼特的"创造性破坏"理论，即淘汰失去活力的公司和行业为新公司开辟道路的健康经济理念，而转变成了明显不健康的"破坏性创造"，即花费大量的智力和创造力来钻系统的空子。资本比任何时候都具有更快速的流动性，而失败的后果却留下来让别人清理。试问一下德国纳税人是否乐意为希腊和西班牙经济的损失和低效埋单，硅谷的企业家能否受得了在危机四伏、诉讼成风和以繁文缛节著称的加州硬撑到底？

连续的紧急援助和经济刺激方案，加上经济弱势和人口压力都将这一局势推向了新的临界点。毫无疑问，目前公共资产负债表看上去很糟糕，发达国家的债务水平被推高至战后新高（占经济活动的比例）。但是比起在老龄化社会中由日益缩小的工作年龄段人群提供退休金和医保支持这种无资金支持的强制性命令，上述局势目前还是相当乐观的。当标准普尔在下调美国和若干欧洲国家的信用等级时也注意到了这一点：问题不在于当前的债务水平，更多的在于这样一个事实，即在针对如何解决迫在眉睫的问题的公共讨论中，明显缺少政治勇气和明智可行的解决方法。缓慢的增长预期也于事无补，而且最新发布的、通常是看上去互相矛盾的经济数据的无情打击使得交易员抓狂、商业领袖迟疑不决、政治家倍感迷茫。

曾经广受敬仰的艾伦·格林斯潘曾在试图帮助美国解决最近一次的债务上限

曾经广受敬仰的艾伦·格林斯潘曾在试图帮助解决美国最近一次的债务上限危机时说："美国有能力偿付欠下的任何债务，因为我们一直以来都可以通过印钞来偿债。因此违约的可能性是零。"但是，这些印出来的钞票最终值多少，谁将愿意持有这些钞票则是另外一个问题。

危机时说："美国有能力偿付欠下的任何债务，因为我们一直以来都可以通过印钞来偿债。因此违约的可能性是零。"但是，这些印出来的钞票最终值多少，谁将愿意持有这些钞票则是另外一个问题。

面对公共服务支出削减和愈演愈烈的收入不均现象，公民们更加难以承受当前体制下要求他们承担的负担。究竟是选择自由贸易和市场经济带来的普遍利益，牺牲个人社会保障或者医保福利；还是选择对富人课以重税并保护工作岗位免受外国人竞争，从而获得实实在在的利益，谁知道该怎么抉择呢？我们能否找到促进增长的同时保护社会福利承诺的方法？我们能否对所谓的自由资本主义双倍下注，希望它不要在我们面前崩溃？毋庸置疑，开放式经济的未来至关重要，但我们现在做出的选择将最终决定我们将走上怎样的道路。

从目前看来，在现在这个持续波动的时代，由那些在过去几十年中获益最多的群体承担他们应尽的责任是合情合理的。在英国，保守党领导的联盟政府最初决定将最高所得税率设为50%，此外还有该国其他税项——资本收益税、遗产税、20%的商品和服务增值税、消费税、地方议会税（如社区）、证券和房地产交易印花税以及向高收入者征收的42.5%的股息税。因此，不少英国的企业家和高管人士为了避税而离开了英国——纷纷前往税收政策较为优惠的爱尔兰和瑞士。丰富且具有流动性的伦敦金融资产最青睐的落脚点之一是瑞士苏黎世湖边的弗赖恩巴赫辖区。尽管该小镇毗邻城市的便捷设施和干净整洁的苏黎世克洛滕国际机场，实际上它地处"税收天堂"施维茨州的周边地区，这里的最高边际税率为11.8%（企业所得税）、19%（个人所得税）和10%（股息所得税）。

我承认这的确是个难题：向最富有的人群提高征税，目的是为了对其他人公平，然后前者就会将他们的才能和资本转移到别处。新上任的法国总统弗朗索瓦·奥朗德（Francois Hollande）提议将法国的最高税率提高到75%，我估计其他地方的大多数人都会认为这是很极端的做法（相比而言，在美国引发热议的巴菲特税，即年收入超过 100 万美元的富豪所缴税率不低于中产阶级，则显得非常温和了）。20 世纪 70 年代，当玛格丽特·撒切尔还未上任之前，英国的税率更高，所以不仅仅只有银行家会为了避税而选择离开英国。在 2002 年《财富》杂志的一次采访中，滚石乐队吉他手基思·理查兹（Keith Richards）描述了乐队曾因避税而逃离英国的过程以及他们对税率问题的持续关注。理查兹点了一根万宝路，手里端着一杯伏特加兑橙汁，说道："这就是我们为什么在加拿大而不是在美国大量排演的原因。我们很多明智的举动实质上与税法保持一致，比如我们去哪里，或者不去哪里排演……我们离开了英国，因为我们每赚一美元就要支付98 美分的税。我们走了，他们输了……米克（即滚石乐队主唱米克·贾格尔，曾就读于赫赫有名的伦敦政治经济学院）喜欢把一切都安排得妥妥当当。"

我们在这个时代碰到的一个两难困境就是政策制定者必须是亲商的或者是亲工人的，尽管两者离开谁都无法独立存在。现在的挑战是政府——乃至公民——都需要考虑得更加全面。我们不应该在"以邻为壑"的招商引资税收政策和惩罚性税率之间做出选择，后者会赶走几乎所有投资商，仅余的那些深受欢迎的领头企业也会忍痛割舍一些特定交易。税负对任何一家企业而言都很重要，而其他因素也同样重要。如果苹果公司从库比蒂诺搬迁到拉斯维加斯郊区，那么加州的苹果雇员将能享受到更有利的税率，但是对他们业务至关重要的创造性的、拥有成熟技术的人力资源主要来自加州北部（苹果自己也承认已经采取了每个可能的手段，利用荷兰、爱尔兰、内华达州及其他地区独特的税法体系来规避美国和加州高昂的税率）。

对美国或英国的高管人员进行调研，就可以知道他们更加关注哪些方面：比如失败的教育系统、破旧的基础设施、政府丧失偿债能力、恼人的法规，或者边际税率的缓慢提高，等等。实际上旧金山湾区委员会经济研究所（Bay Area Council Economic Institute）与科尔尼在 2004 年联合开展了一项研究，调查为什么拥有高智慧人力资源的公司需要坐落在税率高、监管严格的硅谷。答案是什么？硅谷独特的创业文化、先进的科技和跨学科的研究中心在实体意义上的集中胜过高税率和道路拥挤带来的不利因素。

▧ 三大赤字

当今时代需要具有雄心壮志的（且能鼓舞人心的）领导人，但我们并非总是如此幸运。保罗·沃尔克（Paul Volcker）是对的：在三大赤字中，预算赤字和贸易赤字相比可能更为严重的领导力赤字更容易对付。2005 年，在金融危机还未曾获得大多数人的关注时，沃尔克就这样写道："这似乎和我能记起的任何一次（危机）同样危险和棘手，而且我还能记起很多类似情形。真正令我担忧的是，对于眼下这种情形（管理层）却没有多大的意愿和能力来做些什么。"

不幸的是，现在某一个人被晋升或选举为政府、商业机构或民间团体的高层领导人必经的职业路径与成为高效领导人的必要资质毫无联系，这些资质包括个人勇气以及制定清晰的未来愿景、激励并团结下属从而开展富有成效且目标明确的行动的能力。

大部分的观察者认为，果敢的政治行动能够解决——或者至少缓和——很多发达国家面临的最紧迫的挑战，在这种时候，高效领导人的重要性是不容低估的，而领导人的优柔寡断和不作为则会使情况变得更糟。请读者们不要忘记本章开头摘引的卢森堡总理及欧盟委员会前任主席让·克洛德·容克所说的话，"我们都知道要做什么，但我们不知道一旦去做了又要怎样赢得连任"。我们很难看得到富兰克林·罗斯福、约翰·肯尼迪、温斯顿·丘吉尔或者戴高乐会支持上述立场。这里提到的每一位领导人有时也不得不支持在短期内极不受欢迎的政策，但他们有信心总有一天他们的主张会得到选民的认同。

现在的政治运作程序阻碍了这种果敢而富有远见的政治举措以及可能产生这些举措的领导人选举制度。在当前这个 24 小时滚动新闻的世界，即便是最有技巧的、最精通媒体的领导人也发现很难驾驭信息的传播。新闻中缩减了解释和辩论复杂的政策立场及解决方案所需的时间和公众商议的部分，取而代之的是插入 30 秒的访谈片段。这就难怪几乎只有学术界才会公开探讨比如福利改革和竞争力等棘手问题，而推选出来的领导人却只关注更简单的、振奋人心的，但最终并没有太大影响的问题。当今这个全球化、多极化的世界所面临的问题比起过去在本质上而言也更加复杂，然而这一事实对这些问题的解决于事无补。

发布简短的、吸引人的、适宜电视广播的访谈片段，从而与投票人产生感情共鸣的这种能力已经成为现代政治的一大关键成功因素，因此我们必然会选举出满足这一标准的领导人——不考虑他们是否在很多方面（有时候是全部方面）都是存在缺陷的。政治家风范以及对复杂政治问题的掌控是候选人应该具备的资质，但却常常被认为是脱离民众的确凿迹象而被摒弃。再则，以妥协的方式实践治国之道只会导致来自任何政治立场的候选人都可能受到更极端政治边缘分子的攻击。

有时候当一位有能力的人成功地闯过了选举流程的层层关卡之后，紧接着他还将不得不面临对其人格的诋毁。在我看来，比尔·克林顿是过去 50 年中最有思想和智慧的政治思想家之一，但是他不得不在他总统任期的很长一段时期内处理外界对其个人生活的攻击。而关注巴拉克·奥巴马总统的身世及背景所耗费的时间也足以证明这种倾向，正如通俗小报对法国总统尼古拉斯·萨科齐婚姻的着迷程度一样。如果媒体当时把时间花在探究我们目前称为"肯尼迪的课外活动"的娱乐消遣上，从而吸引人们的注意力，那么是否意味着极度危险的古巴导弹危机或者增强公民权利的运动会有不同的结果呢？

我承认我对所有这些问题都持有极强的个人观点。在 1979 年的那个重要的日子，众议院会议首次在电视上直播，当时我也在美国国会。大家互相传递化妆包，做好上镜前的准备。不到 10 年之后，参议院也效仿这一做法，把可能是世界上最审慎的团体变成了故作姿态的滋生地。国会议员过去进出化妆间主要是为了私下里咨询某些关键的公众政策问题，并寻求可行的折中方案，而现在他们频繁补妆是为上镜做准备。

20 世纪 70 年代后期和 80 年代初，我曾担任当时特拉华州参议员乔·拜登（Joe Biden）的立法事务总监，当然，他现在已经是美国副总统了。现在很少有人还记得当年的他是一位年轻有为、聪明绝顶的新任议员。当时乔克服重重困难，战胜了来自特拉华州备受人们喜爱的共和党现任高级参议员凯莱布·博格斯（Caleb Boggs）。就在乔当选几周后，他的生活遭遇重创：他的妻子和最小的孩子撞上一辆拖拉机挂车并在车祸中丧生，另外两个儿子也受了重伤。他曾考虑辞去公职来照顾两个孩子，因为他必须每天在华盛顿和特拉华州之间往返，这样晚上就能在家和孩子们在一起，但是后来还是被当时的参议院多数党领袖、来自蒙大拿州的麦克·曼斯菲尔德（Mike Mansfield）说服留任。后来这两个孩子最终完全康复，目前他们在各自的公共及私营领域事业上都获得了成功。

虽然乔有时候太过啰唆，但实际上他非常善于用最明确的、简洁的、令人信服的方式描述每一件事情。在我写这本书的时候，他用一句话简洁明了地概括了奥巴马展示总统勇气的两个案例，他说："奥萨马·本·拉登死了，但是通用汽车活了。"怎么样，这句话说得还不赖吧，就如同汽车保险杠的贴纸一样简单。在考虑有争议的问题时，他通常是让持有相对意见的两方顶尖专家互相辩论，从而快速地提炼出最复杂、最棘手的要点——这仍然是探索棘手问题的很好的方式。正如我有幸能在我的职业生涯早期认识他，那些了解乔·拜登的人会发现他的深刻价值、特殊才智以及为人民服务的承诺非常鼓舞人心而且令人难以抗拒。

在那些年，我还认识了很多其他议员。我看到新当选的新泽西州参议员比尔·布拉德利（Bill Bradley）在上任后勤恳工作，孜孜不倦地学习参议院的议会程序。他曾是罗德奖学金的获得者也是前职业篮球选手，做每一件事都非常严谨，一丝不苟。据说他学习参议院规则的方式与他在纽约尼克斯队打球时的完美投篮如出一辙。我怀疑现在还有多少议会议员在当选后仍会全身心地投入到他们即将就职的机构的法规和习惯做法的学习中。我认为这样的人一定不多了。相当多的人走马上任几个小时之后就开始夸夸其谈、夺人眼球了。

问题和机遇的时限不断延长，并且跨越了国界的范围，而政治周期却变得更短且更加狭隘，这并不利于情况的改善。这在很大程度上指的是一个基本问题：科技的复杂性和速度推动了全球相互依赖程度的增加，几乎让每个政治问题都变得更加棘手而且更具影响力，正是这种科技的复杂性和速度创建了一种体制，鼓励政治家和选民从本地和更短期的角度进行思考。例如，提高经济竞争力通常要求具备在更广的世界范围内对国家的地位、利益和战略的根本性远见。但选民和政治家的主要兴趣似乎在于为本选区内某些具体利益团体获得立竿见影的——甚至不切实际的——利益。这种时间和空间上的不对称束缚了在全国乃至全球范围内的长远思考，取而代之的是仅仅着眼于下次选举的无谓的争论，甚至更为短视。

现在的问题是我们面临的长期的全国性和全球性问题都是真实的，但是现在的政治体制根本跟不上变化。这导致在很多国家滋生党派之争。采用着眼于短期的、本土的方法来解决复杂的、长期的、较大的问题的做法是行不通的；由于领导者缺乏解决方案和找到解决方案的能力，他们重拾互相攻击的生存机制来保全自己。选民应该是民主社会中政治话语的最终裁决者，但是他们必须克服大量的财务和组织障碍才能参与政治程序，因此感到灰心丧气，他们也讨厌这种程序所产生的选择结果，于是索性不理不睬。然而，这种表面上的政治短视并不是完全出人意料的，我们也不能完全谴责我们的政府官员目光短浅。这其中蕴涵的一个简单的事实是，在这个国界日益模糊——或者说逐渐变平的世界中——融合带来的好处通常是分散的和长期的，而全球化所带来的混乱却是即刻而明显的。这种事实的最佳结果是创造出一种复杂的政治体制，需要异常娴熟的领导层和同样开放与大度的追随者——当前这两者都比较稀缺。这就是行为经济学家所指的损失规避，即人们往往倾向于抓住他们所拥有的一切，安于现状，而不是冒险去获得其他更好的。

当然在大多数国家，公务员这一职业通常工资很低、工作时间长、个人私生活受到严重干扰，并对你以后的职业和收入产生限制。不喜欢是吧？如果你们的领导人或者政府官员并不具备你所希望的才干，那么你还会感到奇怪吗？

结果显而易见，在近期发生的各种不同性质和不同影响范围的危机中，我们都没能看到有能力的领导人及其追随者站出来应对危机。从金融危机开始，政府就一直优柔寡断，缺乏协作（而且这种趋势还将继续），到 2011 年的"阿拉伯之春"运动，再到福岛第一核电站核泄漏事故的爆发，我们记忆中很少出现有能力的领导人站出来采取果敢的举动，而更多记住的是危机所带来的混乱和不和谐。如果你仍不相信，那就请读一读美国颁布的新法，多德弗兰克法案（Dodd – Frank Act）——共 2 600 页，该法案的目的是在最近的市场过度扩张和金融危机之后对华尔街的金融监管改革树立新的标尺。

我的朋友马凯硕（Kishore Mahbubani）是新加坡国立大学李光耀政府管理学院院长，他说我们正处于一个没有掌舵者的世界（在繁文缛节束缚下的亚洲，马凯硕是你能寻找到的最聪明也是最直言不讳的政治家；马凯硕出生在新加坡一直处于弱势地位的印度后裔的贫穷家庭，当时正值英国对新加坡殖民的最后几年。依我看来，正是这种特殊的成长环境造就了马凯硕在这个以华人为主的城邦里的一种独特的视角）。另外，马凯硕也可能是少数几个最先指出西方霸权的逐渐丧失是全球事务复杂性增加的后果也是原因的人之一。

正如马凯硕所说的：

过去，当数以亿计的地球公民居住在不同的国家时，就好像海洋里漂浮的许多船只。因此，战后的秩序制定了确保船只不会相撞且大家可以互相合作的规则。直到现在，这样的安排可以说是颇有成效。第一次和第二次世界大战后，并没有出现第三次世界大战。然而，今天世界的 70 亿人口却不再生活在不同的船上了。他们住在同一艘船上的 190 多个船舱中。每个船舱都有一个管理事务的政府。整艘船在没有船长或船员的情况下航行。世界正在汪洋中漂流。

这并不是说 19 世纪中叶伟大的博弈或者离我们更近的冷战很简单——远不是如此。只是说当新的、体量巨大的发展中国家的竞争利益也加入进来的时候，全球性事务的复杂性就呈指数增加了。

不管怎样，后面的事情你都知道了。我们绝不是想当然地夸大以下五大趋势的后果：即人口老龄化、低税收、养老金缺口、政府支出上涨和外部借款。那些认为这些统计说明不了什么问题的想法则完全是低估了这一趋势的严重性。但是发达国家立法机构的激烈争议并没有产生任何富有成效的行动。按美国前总统经济顾问委员会主席赫伯特·斯坦（Herbert Stein）的说法，"无法继续下去的事情将永远不会继续"。

过去的领导人非常了解这一点，当碰到问题的时候，他们就会改变自己的观点（我们可以引用据称出自凯恩斯勋爵之口的一句名言："一己看法与时并进是在下处事标准；阁下若另有高见，在下愿闻其详。"）。法国总统弗朗索瓦·密特朗（François Mitterrand）于 1981 年开始执政，推出了国有化初步议程，即"法国 110 提议"，采取了扩大国有化、扩张性的经济政策以及提高财富税等政策。他甚至还让多位共产党员加入内阁。两年后在历经两次法郎贬值之后，密特朗总统做出了 180° 的政策转弯。他最初推行的举措导致法国面临一系列的经济问题，而他也深知这一点。由于德国提出了严厉财政整顿的要求，以作为迫切需要的第三次法郎贬值的代价，因此密特朗不得不推行以重建竞争力和财政约束为重点的财政紧缩政策。你很难想象在如今 24 小时滚动新闻的背景下，当今的领导人如果也有类似广阔胸襟的表现，他们又会获得民众怎样的评价呢（但是针对密特朗的批评家也的确喜欢强调密特朗的一生都处于自我重塑中，在他任职期间先后经历了从极右派到硬左派再回到中间派的转变）？

统治的一大妙招永远是寻找好的政策，同时也是有价值的政治举措。如果无法两全其美，那么领导者必须权衡两者的优缺点，然后决定孰轻孰重，究竟是政治，还是政策？密特朗的财政紧缩政策就是一个好政策——因为这不仅推动法国重拾经济增长势头，同时也使得法国成为经合组织中唯一一个在 20 世纪 80 年代没有出现经济不平等加剧的国家。但是，至少在当时的短期内看来，它并不是一项好的政治行动。密特朗的左翼联盟在 1983 年和 1984 年竞选失败，于是在 1986 年他不得不任命右翼反对派领导人为总理，开创了左翼总统与右翼总理"共治"的先例。但不管怎么说，"共治"给密特朗带来了转机，恢复了先前的声望并为连任奠定了基础。他对法国的领导直至 1995 年，任期长达前所未有的 14 年之久。

在当今政界，你很难想象一个政治家会选择一项算不上好的政治举动的好政策。你可以想象有线电视和卫星电视新闻不间断地分析某位总统或首相临时改变先前的说法，Twitter 上别出心裁的辞藻，YouTube 视频对决策犹如病毒般的攻击以及邀请听众打进电话的脱口秀节目的不断搅和。在选举周期中幸存下来并不意味着有机会重塑自己的观点，相反他可能迅速从广受欢迎变成了被民众所唾弃。我们见证了英国前首相托尼·布莱尔仕途的急转直下，这一切皆源于他不顾民众的反对做出了他自认为非常勇敢的决策——出兵参加伊拉克战争（当然，现在回顾起来，这是否是一项好政策还有争议，但毫无疑问的是，布莱尔自己认为是好的）。布莱尔并没有宣布竞选第四任首相以及巩固新工党和"第三条道路"的新理念，而是被迫提前辞职，而他的继任者（戈登·布朗）迅速从得票排名第 10 位乘势而上。

后果已经显现，甚至在某些地方来得更早，加州等主要经济中心正受到威胁。一些海岸梦的仰慕者认为加州最终将克服每个危机，即便密特朗总统的前任顾问雅克·阿塔利（Jacques Attali）对加州所持的观点也是："永久存在的地震威胁带来了一种强烈的、独特的活力，一种惊人的生存欲望以及对新事物的满腔热情。"也许加州和洛杉矶从巴黎看过去更美好？但是加州历史学家凯文·斯塔（Kevin Starr）将这个曾经的黄金州更准确地描述为处于"集体精神失常"的状态，因为数以千计的县、市和地区在管理上相互重叠，处于治理混乱的状态。当然，从更小的管辖范围比如新加坡和海湾酋长国（比如威尼斯、热那亚和汉萨同盟贸易城市等早期的强大集团的现代版本）的角度重新审视公民和国家之间的社会契约的确更为容易。现在实际上可能是复兴自治城邦或者特别行政区的时机，我们在本书后续篇章将予以阐述。但讽刺的是加州人是世界上过度民主的人群，太多的州级问题都需要直接的公民投票做出决定。

从20世纪90年代开始，我们已经可以看到出现了领导力真空的状态，那时候的政治家，包括美国的克林顿总统和众议院发言人纽特·金里奇都被指责仅依靠焦点小组管理政务。这些指责对他们两人来说并不是完全公平的，但是不可否认的是，日益复杂的选举分析趋势导致极端的全球"政治极化"，从而削弱了政府的作用。另外，我们每天都有大量新的政治信息和民调数据，但是我们并没有增加相应的能力来理解并合理使用这些信息和数据。实际上群众的智慧很多时候完全就不是那么回事。沃尔特·温切尔（Walter Winchell）认为，领导者应理解民心，并帮助引导至民心所向的地方，这种观点现在常常被选择好政策还是好政治的两难困境所束缚。克林顿和金里奇曾经是而且现在也仍然是华盛顿非常受尊敬的政策咨询专家。这两个人都精通法规、经济研究、预算报告和政策先例。可能没有人会指责这两人中的任何一人会提出连他们自己都认为不是以好政策为基础的政治举措。

同时，这两人又都背离了由来已久的传统，即通过阐述根本的论点说服其他人，即其他政治家、全体选民，相信他们主张的"本质上的正当性"（借用科尔尼主张中的一个核心词语），从而获得他们的支持。直到克林顿第一任期的后期，两方才认同已经产生的政治僵局要比某一方认输产生更灾难性的政治后果，这才共同通过了《个人责任与就业机会折衷法案》（*The Personal Responsibility and Work Opportunity Act*），这是美国福利制度的标志性改革。你可以称其为政治魔力，但可惜的是这两位天才政治家都未能在任期内取得更大的成就，而他们两人对价值的妥协可以说减弱了这种政治魔力的有效性。

自 1688 年英国首相办公室（指的是在当时，严格意义上而言目前仍然被称作第一财政大臣）的成立确保了汉诺威王朝的继任，或者说自 1787 年美国南北大谈判产生了包括参议院和众议院的两院制以来，联盟和妥协的艺术已经成为民主决策的基石。建立联盟一直以来都是一个打着意识形态灵活性的幌子，将一些混杂的、受一己之利驱使的，且持有不同观点和原则的人巧妙地组织起来的一种联合形式。随着意识形态差异（至少从表象上而言）的增大以及自私自利更多体现在逞一时的口舌之能，而并非政策上的成功，这种联盟形式就被瓦解了。你只需要看看美国的财政前景或者欧元区（阴云密布）的未来，你就能发现没有联盟、没有妥协的民主可能带来的后果。

除了我以上概述的内容，摩西·纳伊姆等分析家看到了促成当今喧嚣、难以控制的和无效的政治的另一个因素。正如摩西所说的："简单地说：权力不像过去那样有用了。在 21 世纪，权力得来容易，但用起来更难……也更容易失去。从董事会到战场再到网络空间，争夺权力的斗争和以前一样激烈，但是他们产生的回报却在不断缩小。残暴的面具掩盖了权力更短暂的本质。了解权力是如何被挥霍以及丧失其原有价值的，是理解 21 世纪早期重塑世界的最重要趋势的一把秘匙，从而方能直面它们所带来的艰巨的挑战。

不可避免的三难困境?

2011 年，我和一群客户公司的 CEO 以及各方杰出人士，其中也包括著名的政治学者弗朗西斯·福山（Francis Fukuyama），一起去上海。当时弗朗西斯提出了一个很有趣的观点，他说我们不知道怎样才能让阿富汗变成丹麦，我们也不知道怎样才能让全球代议民主脱离瘫痪状态（同时他也指出，我们中很少有人会知道"丹麦是如何成为丹麦的"，换句话说就是一千多年来，北欧各部落和维京海盗究竟是怎样和平相处，共同建设一个繁荣富强的民主国家的；如果你也对此感兴趣的话，我建议你读一下弗朗西斯的新书）。

出生在土耳其的哈佛教授丹尼·洛迪克（我之前曾引述过他的话）经常提出这样一个同样发人深省的观点：我们能否同时拥有民主的大众政治、国家主权和开放的全球经济？他认为答案很显然是否定的，并称其为不可避免的三难困境：你可以实现三个目标中的两个，但却无法实现所有目标。如果试图在同一时期内同时实现以上三大目标，那么你终将面临混乱的僵局：即在骂战般的激烈竞选、言过其实的繁荣、经济危机之间徘徊，然后再从头开始循环。如果他是对的（这是很可怕的想法），那么拯救华盛顿（或者挽救欧盟）的方法就全然不得要领。硅谷亿万富翁之一彼得·泰尔（Peter Thiel）信奉自由意志，他是 Paypal 的共同创始人以及 Facebook 和 LinkedIn 的早期投资者，他曾用类似的话（甚至更不吉利的）来描述洛迪克定义的三难困境，他说"我不再认为自由和民主是可以共存的"。

基于价值的领导

与彼得·泰尔不同的是，我仍然坚信自由和民主是能够共存的，但只有当体制中的所有角色都具有明确的责任感（即对他们自己的责任感、对他人的责任感以及对整个地球的责任感）的时候，自由、民主和资本主义才能发挥正常的作用。责任感要起作用，就不能靠传递和强制实施——它必须立足于一个以价值为基础的体制。

最近，"价值"一词被过度使用（也可能是"饱含深意的"词汇），但是在需要用这个词的时候和场合，我一定不会回避。简单地说，我们需要从一个"通过成功来做好事（Do Good by Doing Well）"的世界和体系——在这个体系中，造福他人和地球只是追求个人利益的副产品——转移到一个"通过做好事来取得成功（Do Well by Doing Good）"的世界和体系——在这个体系中，最重要的是提供真正的领导力和服务，而经济回报和个人财富仅仅是前者的必然结果。

做好事不再是成功的手段——虽然在 20 世纪 70 年代可能的确是这样的，那时的我才刚刚开始在石油行业的职业生涯。那时候，人们不得不做好事，目的是培养赞助者的好感，这对于核心企业目标的实现至关重要。然而当今世界已大不同于以往，无所不在的技术打破了时间与空间的隔阂，确保企业行为不再只影响股东，而是在很重要的方面触及了更广泛的利益相关者的合法需求、欲求和福利——包括消费者、社会团体和选民，远远超过了传统 10 - k 表的涵盖范围。

我知道很多经济学家可能对这种观点恨之入骨，但我还是不得不在这里提一下。我曾就读于芝加哥大学，这里是已故米尔顿·弗里德曼（Milton Friedman）的大本营。弗里德曼是提倡财务回报是企业唯一责任这一观点的积极支持者之一，即企业唯一的和仅有的社会责任就是创造财富。这并不是说弗里德曼支持好莱坞电影中金融大亨戈登·盖柯（Gordon Gekko）喊出的"贪婪是好的"，而是他真正地相信这才是最根本的经济原则。正如弗里德曼 1962 年在他具有影响力的书籍《资本主义与自由》中写道："在一个自由经济体中，企业有且仅有一种社会责任，即利用资源，在符合游戏规则的前提下尽可能地通过经营运作来创造收益，并且是通过参与公开自由的竞争获得，没有虚假和欺骗行为。"

虽然弗里德曼对经济领域做出了重大贡献，但这个有关商业企业唯一目标的理论最终并不能证明是正确的——或者说并不能证明实际上是健康的。它并不适用于这个社会，我们不断地被腐败、丑闻、背信弃义所困扰，而且对许多公司和他们的股东也不适用。睿智的"资本主义之父"，18 世纪苏格兰思想家亚当·斯密（Adam Smith）就因为"看不见的手"这一概念而让世人铭记。事实上，斯密留下的这一思想财富被过于简化了：他坚定拥护的观点是自由体制下的企业绝对需要更坚实的道德和伦理基础，而且大部分市场参与者需要成为（用他的话来说）得体、审慎和仁慈的人，从而才能让这一体系合理地运作。

当然，斯密最具影响力的著作是《国富论》，这本书被认为是自由市场资本主义的理论基础。但斯密自己则更看重他更早期出版的著作《道德情操论》，他在本书中探索了人在追求纯粹的个人利益时进行道德思考和行为的能力。虽然《道德情操论》是在《国富论》完成 17 年之前所写的，但斯密仍然坚持对《道德情操论》进行修订直到 1790 年去世为止。实际上，尽管他在世时及去世后的大部分声誉都来自于《国富论》，但他的墓碑上却将他的这本著作列在第二位的重要位置。

约翰·凯（John Kay）是 1996 年新成立的牛津大学商学院的创建者，他称这一悖论为"迂回"（Obliquity）：这就好比当你在追求快乐的时候，你并不是直接去追求快乐本身，而是那些让你快乐的东西。同样，为了获得利润——以及随之带来的快乐——你首先应该努力实现另一些价值；比如说创造出令人惊叹的产品，提高为客户或顾客服务的水平，同事间互相帮助，开辟一条新道路，或是教小孩子读书。

我们科尔尼公司是依靠"先做好事再取得成功"的文化支柱以及价值第一的理念达到领先地位的。我们是第一家承诺将可持续性理念根植于自身及客户事务中的大型咨询公司，也是第一家达到碳中和这一既定目标的高附加值管理公司。我们承诺将坚持以上两项举措，绝对不带有任何商业炫耀的成分——那时很多人都认为可持续性是一种时尚，而碳中和常常让人想起的不外乎是为了公共关系目的而购买的昂贵的碳补偿。但我们承诺开展这两项举措是因为作为一家公司，我们认为对社会和客户来说这是正确的而且是明智的举措——而六年之后，这两项举措给我们带来了回报。可持续发展的承诺完美地体现了"先做好事再取得成功"这一信念。坚持可持续发展最能证明"先做好事再取得成功"的做法，实现了追求利润与追求共同利益的完美结合。可持续发展的承诺就是为了实现公司的盈利目标，同时满足社会对节约资源和保护环境的需求。

我在科尔尼任董事长和 CEO 初期的时候，我们也曾面临关键考验。当时我们断定我们有两位表现卓越的合伙人的行为不符合公司的原则、文化和价值。我们面临的抉择在一些人看来是相当困难的。当时正处于金融危机的大背景下，而且我们自身也处在管理层收购后脆弱的财务处境之中，因此，我们面临要满足盈利需求的极大压力，而解聘优异员工的做法必将带来负面影响，至少一开始肯定会对股东利益产生影响。然而我们更强烈地感到必须坚持我们的原则并努力维系基于信任和价值的合作伙伴关系，而我们对这些合伙人的信任已经受到了损害。因此，在我们所有人此生经历的最严重的金融危机之时，我们中的两位最佳商业合作伙伴最后还是离开了我们。4 年之后，我们的公司依然兴旺，我们一如既往地为客户提供最高效的服务，我们的合伙人团队比以前更加齐心协力、更加有激情地坚持公司创立的核心原则和价值。我想不出其他通过做减法来获得更多收益的更明确的例子了。我们坚定不移地履行我们对企业价值的承诺，并将这一承诺根植于企业的所有经营管理理念中。正是秉承着这样的经营理念，我们才能在业界员工敬业度得分中一路领先。

第4章　轻装简行，回归简朴

我们看到一类全新的消费群体……这类消费者发现自己被买回来的太多物品所包围……尤其是在面临经济危机时，他们越来越怀疑是否值得这么去做。奢侈品购物、挥霍性消费以及战利品文化将会随风而去。未来的消费者会更加倾向购买易耗物品，而不是购买乱七八糟堆满房间的物品：比如短暂而昂贵的体验，而非笨重的家用物品。

——约翰·奎尔奇（John Quelch），中欧国际工商学院（CEIBS）院长、
WPP 集团非执行董事

我的家当很少……几张纸、几本书、几件衬衫、夹克和毛衣。这些东西都可以很轻松地装进一个小纸袋里，随身带走。

——尼古拉斯·伯格鲁恩（Nicolas Berggruen），
亿万富豪投资家、Berggruen Holdings 主席

正如上图中的演变所示，我们可以选择很多种办法实现物品和信息的非物质化，从而减轻负担，轻装简行。印刷书籍曾经代表了最新的科技水平长达600多年，而 CD－ROM 和 U 盘则一闪即过，推动人们走向更便捷的——无形的——云存储技术时代。

来源：Bix Burkhart/Photographer's Choice/Getty Images

在发达国家，太多的物品和信息几乎令人窒息：在过去几年，房子哪怕再大还是放不下人们逐日堆积的废旧杂物，因此，自助式仓库成为增长最快速的生意之一。尽管并不美好，但 20 世纪 90 年代那种悍马司机被困在车流中，平白消耗着能量的场景的确说明了一些问题。不管它在那个时候看起来是什么样子，这都不算进步，对人类和地球来说都是一种十分不健康的模式。

你可千万别认为我只是随便说说的。全球足迹网络组织（GFN）研究出了一种衡量全球消耗和产出所需生态资源的方法，计算这些消耗的生态足迹。经研究，人类目前的生活方式需要 1.5 个地球的资源来支撑。研究者预测，按照当前的趋势（这种趋势无疑是可以——甚至是必须改变的），到 2050 年，我们至少需要两个以上的地球资源。各国之间的消耗水平相差非常大：美国的人均生态足迹为 23 英亩①，欧洲大约为它的一半，孟加拉只有 1.25 英亩。较大的资源消耗给发达国家的居民们带来了什么？尽管我们的收入水平明显更高一些，但其他一些不好的问题也在不断滋长。根据经济合作与发展组织（OECD）的估计，美国的肥胖率高达 33.8%，英国是 23%，西班牙人和德国人相对来说要苗条一点儿，肥胖率为 13%。

尽管近期的经济低迷有着种种弊端，但或许会促使人们对优先事项进行重新评估。2008 年年末，当全球深陷金融危机泥潭的时候，Venetia Thompson 和 Rory Sutherland 两位作家指出"毫无意义的奢侈品和时尚肯定很快就会被经济危机所吞噬"，声称"毫无疑问，资本主义的最佳状态不是吹毛求疵，而是懂得取舍……恰当地消灭一切不好的事物：低效、累赘、过时的事物，或者不必要的复

① 1 英亩 = 4 046.873 平方米。

杂性，等等"。他们继而在英国的《Spectator》杂志中写道："过去 15 年来，随着财富的激增和工业的快速发展，同时也积累了大量无意义的、非生产性的人类活动：愚蠢的消费行为、疯狂的赶潮流以及古怪的从众行为。"

根据 Thompson 和 Sutherland 的说法，一些繁荣时期的行为将逐渐消逝，包括"房地产狂热症"（"那种不加置疑的假定……即认为自我提升的最高境界就是改善住房条件"），那高人一等的"去世界上更遥远更危险的角落"旅行，"疯狂的工作时间表"，"对金融服务的推崇"以及对购置第二栋（甚至第三栋和第四栋）房产的狂热（"你难道真的想把自己宝贵的假期浪费在练习［用当地语言］说'我的化粪池好像要满出来了'吗?"）。这种说法是不是太尖刻了? 是的。但是他们的尖刻评论还是有一定道理的。

我得承认，在经济强劲增长时期，我们中的大多数人都有点儿迷失了方向。在第二次世界大战后期那些所谓的沸腾岁月和牛市，许多人都曾认为，未来的最大挑战是如何打发大把的闲暇时光（他们到底有没有意识到这个想法是错误的）。在上一个繁荣时期，我碰巧看到了夏威夷一个叫作卡亚纳帕里咖啡农场的房地产开发项目宣传资料："感受阳光下最美的毛伊岛风光。广阔的太平洋景观，无尽绿意。白天阳光普照，夜晚寂静清幽，微风细雨相伴。您可以将 4 ~ 7 英亩的咖啡园种植事宜交由本地农民全权打理，尽情享受天堂般的闲暇居家生活……"在毛伊岛上当一名精品咖啡种植园主自然是房地产开发中的一个独特卖点。在 21 世纪初期，这一切看起来都还非常可行，甚至连价格也可以承受（如果你推算一下房产价值和经济增长的话）。我非常欣赏卡亚纳帕里那帮家伙们的毅力，因为许多这样的房地产开发项目在 2007 年之后都已经破产了。

所以我们又回到了现实。在发达国家和发展中国家，消费者的价值观都开始向我称之为"简洁性、持久性以及自我实现"的方向转移。"简洁性"这一点我们刚刚已经说过了——在令人眼花缭乱的复杂世界中寻求可理解的、易管理的事物（再说一次，这一点不能跟低技术含量相混淆，苹果产品的尖端科技和易用性的完美结合恰好证明了这一点）。"持久性"这一趋势在大多数分析人士看来会随着经济的低迷而逐渐消失，但是随着对消费所产生的社会和环境影响的意识日益增强，这些分析人士的预测未能变成现实。"自我实现"反映了出于享乐和健康两方面的考虑，是由以物质为基础的消费行为向以体验为基础的消费行为的转变。

如果你想要找到支撑这一观点的论据，我们只要看看瑜伽与日俱增的普及度就行了。瑜伽一度被认为是一项边缘性（并且相当昂贵）的运动，然而在此次经济危机中，瑜伽的普及率以每年20%的速度增长，2011年销售额达到了65亿美金。尽管在不同的营销活动中都可以很轻松地找到例子来分别佐证以上三大主题，然而我们必须记住，这三大趋势实际上是相辅相成的。举例来说，追求产品设计、生产、材料、包装和生活方式方面的简洁性将会带来持久性的效果，同时营造出一种不那么杂乱、可能更令人满足生活方式。

苹果公司成功地实现了以上所有主题，苹果的产品优雅简洁，令人印象深刻——无论是外表还是使用方面，相比其他竞争产品更具可循环性也更加环保，使用起来既简单又有娱乐性。记者兼科学家马特·里德利（Matt Ridley）在《华尔街日报》上就苹果产品出色的简约特性发表了一段特别的评论：iPhone的重量是1982年Osborne Executive电脑的百分之一，价格也只是它的十分之一，但是iPhone的处理速度却是它的150倍，内存是它的100 000倍。

在美国和欧洲的几大主要城市兴起的"自行车共享"运动也遵循着类似的模式。这些计划通过简化操作流程（只要办一张会员卡，你就能随意地骑走任何一辆无人使用的自行车，随后把它交还到任一停车处）和生活方式，使市民不再担心交通费用及停车的困扰等，从而实现了轻松简约的生活方式。该计划将排放二氧化碳的交通工具换成了零排放的自行车，从而实现了可持续性。此外，这类计划有助于促进健康理念，减少交通堵塞和多余的开销，因而对生活方式的改善也做出了贡献。有人曾经见到个性张扬、一头金发的伦敦市长鲍里斯·约翰逊（Boris Johnson）在这座首府之城四处骑行（而且还身着正装），借此推行"巴克莱自行车出租计划"。我不得不承认，敢于在车水马龙的伦敦街头骑自行车的确是勇气可嘉。但是如果仔细观察的话，你一定会发现越来越多的成功的广告宣传和产品也都遵循这一框架理念。

这一转变预示着一些好的发展趋势：消费者和企业已经领会到我们所需要的是轻装简行，而新一代的科技创新让我们得以做到这一点。我们不断推动飞机、汽车、房屋等产品的非物质化发展，大型家电变得越来越轻便，使用的材料及消耗的燃料、电力也越来越少。越来越多的人倾向于不再添置实物，而是享受更多的人生体验：旅行、教育、娱乐、健身，诸如此类。俗话说得好，钱财乃身外之物，生不带来，死不带去。此外，新型消费者甚至并不确定他们是不是真的需要或者想要拥有自己手中正在使用的东西——网上租车公司 Zipcar 的做法正好印证了这一点。美国的汽油消耗从战后每年人均超过 460 加仑①的高点降到了 430 加仑左右也不足为奇。这与很多人心目中的可持续发展还有很长一段距离，但也已经是一种进步了。

顺便提一句，"共享汽车"这一概念最初来源于瑞士，因为那里的汽车价格、燃油费和停车费都非常昂贵。但是这一概念的真正起源看上去则更加无可奈何，它来源于分时度假市场的概念；时至今日，分时度假这个说法还是带有一点消极的、廉价的感觉。当它进入到高端私人飞机市场时，这个词被修饰成了"部分所有权"。如果定价合理的话，这种安排（包括按次租赁和付费）会比买断所有权更加经济实惠。

■ 像《芝麻街》一样简洁易懂

据我所知，很多企业和消费者都对简洁性萌生了极大的热情——无论是在产

---

① 1 加仑 = 3.785 升。

品、生活方式，还是运营手段方面。宝洁原董事长雷富礼（A. G. Lafley）形象地将这个概念描述为"像《芝麻街》一样简洁易懂"。当下以及近期一段时期内，成功将属于那些能够为饱受烦扰、压力巨大的消费者带来乐趣、帮助消费者轻松做出选择的公司（以及政治团体）——正如苹果所做的那样，它那令人赏心悦目的产品线小到可以放到一张桌子上来展示。来自美国宾夕法尼亚州费城西南部的斯沃斯莫尔学院的心理学家巴里·施瓦茨（Barry Schwartz）仔细研究了他所提出的"选择的悖论"：生活中的各个方面都面临这样或那样的选择——从稀松平常的琐事到至关紧要的大事——都会引起人们的焦虑，带来永久性的压力，减少我们的幸福感。苹果，当代最顶尖的公司显然已经意识到了这一点。他们精心修改和整理产品线，使消费者不会受过多选择的困扰，也不需要花费大量的时间设想每一种可能性。相反，如果企业依然维持原有的产品和服务模式：选择困难、设计粗陋、操作烦琐、使用不便、乏味枯燥等，那么这些企业将会越来越举步维艰。

马丁·索瑞尔爵士（Sir Martin Sorrell）将 WPP 集团打造成为世界营销领域的翘楚，他曾用短短的几个字就概括了这个概念："……我们生活在信息化的时代。过于复杂难懂的事物我们是不会要的。"如果你也像马丁·索瑞尔爵士那样毕生都致力于收购广告和公关界的顶尖机构，从早期"广告狂人"时代的奥美、智威汤逊、葛瑞和 Young & Rubicam，直到伟达和博雅，那么你最不希望看到的就是被人拒之门外了。

被誉为连续创业家（也是我的好朋友）的布莱特·马金森（Brett Markinson）最近刚以 2.7 亿美元的价格将其会员制私人销售网站 HauteLook 卖给了在运营方面享有盛名的零售商诺德斯特姆公司（Nordstrom）。他认为高度个性化、去芜存菁（真正舒适有趣）的客户体验将是未来的潜力所在——而鉴于因特网及其与之相关的科技都还处于萌芽时期，我们在这一方面才只是刚刚起步而已（布莱特也像越来越多的成功商业领袖一样，对自诩为"另类城市"的圣达菲情有独钟，向往那里独特的、富有创意的睿智生活方式——即使对某些人来说是有些古怪的）。

正如布莱特所说：

"我们正从先前的'意愿式'购物时代迈入'发现和娱乐式'的购物时代，这种转化是由我们所使用的设备的演变所决定的。第一波网络购物潮用的是台式计算机。你可以把这称为'向前倾的主动式参与'模式，即人们主动去寻找想要的信息并完成任务。而现在的智能手机和遵循'向后仰的被动式参与理念'的平板电脑使消费者的购物体验更加活跃，甚至还可以将网络购物与传统的实体店购物结合起来。但是不管设备怎样，下一代的购物将完全是一种直觉参与以及享受。将来，那些得到你的授权去猜测你想要什么，或者你会对什么东西感兴趣的公司将向你推荐购物信息，以促进你的消费，而在接到推荐之前，关于要买什么东西的想法还未出现在你的脑海中。那些看透这一点，并且能够在执行时加入创意、简洁、趣味以及真正个性化等因素的公司一定会遥遥领先。"

在这本书的前面部分我列举了苹果和大众汽车两家公司，它们分别以两种截然不同的方式实践了简洁性的理念。苹果擅长简约的设计以及产品功能，而大众汽车则研发了只运用四个汽车平台来生产不同品牌汽车的方法。

好吧，你会说，对于宝洁、苹果、诺德斯特姆或者大众汽车来说，进行简化、有创造性地去芜存菁还相对容易一点。但是政府在面临不断增加的、单调乏味的法律法规和相互交叠的司法辖区时又该怎么办呢？尽管我并不想事事处处都把英国当作一个闪光的榜样，但它的确是让电子政务大放异彩的众多国家之一。英国公民可以登录方便的一站式政府直通车网站，在上面缴税、选学校、申请驾照、登记投票——甚至还可以报警。

科尔尼一直以来都与公共领域的客户开展广泛的合作，向他们灌输我们称之为敏捷型政府的概念。我们的研究指出，为了实现敏捷性，政府需要从以下六个方面入手：

- 领导力。
- 组织变革。
- 电子政务。
- 客户服务。
- 绩效管理。
- 文化及价值观。

在你对这些政府管理概念嗤之以鼻之前，请先试想一下，如果你和某些政府机构（比如美国的国税局，或者英国类似的税务部门，抑或无所不在的交通局）打交道时更加简单、高效、迅捷，甚至享受的话，感觉会是怎么样？你很可能从来都没有过这样的体验，但是如果我能对此做点儿什么的话，那这样的政府就离你不远了。

挑战之一在于，随着某家机构——不管是公共的还是私人的机构——规模的扩大，它需要服务的利益相关方的数量也在相应增加。政府尤其容易受到这一挑战的影响，因为就其本质而言，政府机构需要对一系列不同的利益群体做出响应，对某一个人来说算作简洁的东西，对另一个人来说则可能像是公民权益被剥夺一般。

我所描述的这种简洁运动在很多方面都是对由信息迷雾引发的繁杂人生的直觉回应——问题在于它能否在个别公司和某些具有睿智的政府成功的基础上，在更大范围内继续发挥作用？然而，就目前而言，创新策略层出不穷，多伦多大学罗特曼管理学院就成了这种思维方式的大本营。几年前，这所学院还根本算不上顶尖的商学院之一，所以他们必须得做点儿与众不同的大事儿来一鸣惊人。他们做到了。在富有远见的院长罗杰·马丁（Roger Martin）的领导下，罗特曼成了综合性思维的大本营，把商业领域的各个方面与设计领域结合起来——产业、产品、信息以及视觉。如果你还没去看过的话，我建议你不妨关注一下。

驾驶舱中的混乱

现在，你可能会对自己说，繁杂的信息的确挺讨厌的，有时还压得人喘不过气来，但它毕竟无关生死。事实上，它有时的确会生死攸关。你可能还记得2009

年发生的法国航空 447 号航班事故，该航班从里约飞往巴黎，载有 228 位乘客及机组人员，飞机在大西洋上空坠毁，机上人员全数罹难。跟许多人一样，我一开始对这个新闻感到非常疑惑：法国航空的安全和维护记录一向良好，飞机也是一驾还算比较新的空客 A330（性能极佳），而飞行途中那讨厌的赤道风暴——还有快速移动的 60 000 英尺①的雷雨云砧——也都是司空见惯的了。即使用来测量空速的皮托管冻结了，飞行员也接受过处理这种情况的训练。

从海底打捞回黑匣子之后，我们知道了答案：驾驶舱中的两名副机长被复杂的夜间飞行条件下一刻不停的故障、警报、警告以及手动驾驶需求——由于无法测定空速，自动驾驶仪自动关闭——给搞懵了。理论上来讲，只要驾驶员能够重新掌控局势，继续安全飞行的话，这些情况还是可以应付的。关于坠机是否主要是由驾驶员引起的争论还在继续，但是很显然，驾驶舱中的混乱是造成此次事故的一大主要因素。在那种不断增长的喧嚣中，大卫·罗伯特和皮埃尔－塞德里克两名副机长显然是措手不及了，不知道关键的下一步该怎么办。

如果这在商业客机的驾驶舱里算是个问题的话，你就可以想象它在战场上将会造成何等严重的后果。现在全世界的军队都在努力研发一种新型技术，帮助士兵在紧张嘈杂的战争环境中处理最至关紧要的信息，同时屏蔽掉其他无关紧要的信息。简单来说，就是将简单、清晰的信息及时准确地传达给战场上的士兵。这样做的目的是要帮助士兵实时接收各种关键的作战指令，让他们做出快速、果断、有效的回应——也希望可以借此减少平民的伤亡和损失，同时避免误伤。按一位美国空军将军的话来说："B－52 轰炸机的存亡取决于其金属外壳的质量，而现在我们的飞机的存亡则取决于软件程序的质量。"事物的内在诸因素之间可以按其所需地错综复杂，但人与科技衔接的用户界面却必须尽量简洁。这并不是说要把事情简单化，而是要简明易懂，清晰明了。正如阿尔波特·爱因斯坦这

事物的内在诸因素之间可以尽可能地错综复杂，但人与科技衔接的用户界面却必须尽量地简洁……正如阿尔波特·爱因斯坦这样写道："任何事物都应尽可能简洁，但不能过于简单。"

_____

① 1 英尺 = 0.304 8 米。

样写道："任何事物都应尽可能简洁，但不能过于简单。"

鉴于许多人已经自愿开始朝着简洁化的方向发展，因此 Zipcar 公司的普瑞斯系列成为负责任的汽车使用的象征也就不足为奇了。同样，德国戴姆勒公司在 2011 年决定停产超级豪华品牌迈巴赫系列轿车也似乎并不出人意料。这一具有历史意义的尊贵品牌曾在经济高速增长的那几年起死回生。然而最近几年，戴姆勒公司一年只能卖掉大约 200 辆迈巴赫轿车，其实这也没什么好大惊小怪的，因为这辆庞然大物底价就高达 50 万美元，而且也没有运动型汽车看起来那么潇洒气派。最近我在《金融时报》上看到一条消息，好像与迈巴赫的事情性质相同。这条消息说的是，根据瓦锡兰集团，一家总部位于赫尔辛基的专注于船舶和能源发电厂的制造商的一份报告，现在仿佛又退回到了之前的某个来钱容易、挥霍无度的时代："对于全球游艇业最顶尖的设计师 Stefano Pastrovich 来说，这场游戏的代名词无疑是对简洁性的追求。"我不知道你们是怎么想的，但是我不太确定简洁性和超大型豪华游艇是不是依旧可以联系在一起，如果它们曾经有过联系的话。"

千万别误会我的意思：某些奢侈品实际上是非常具有持久性的，而且也很环保，因为它们生产的本意就是为了延长使用时间，也可以无限期地，甚至一代接一代的传下去。尽管最初购买的费用非常昂贵，但是如果保养得当的话，一条好的爱玛仕围巾或者一块百达翡丽手表肯定可以一直用到被写进原持有人的临终遗嘱里。很多时候，这种手工制作的物品随着时间的流逝依旧可以保值，某些经典款甚至会因为稀缺而增值。它们跟现在那些铺张浪费、用完即弃的消费品相比真是天壤之别。当然，它们也不是大多数人能够消费得起的。

说到那些能够戴得起价格相当于一辆好车的百达翡丽或者宝玑手表的人来说，我必须承认，现在有很多富人也开始追求简洁化的理念了：比如亿万身家的投资家尼古拉斯·伯格鲁恩，除了他身上穿的衣服之外，几乎没有什么家当（尽管他还是会住一些挺不错的酒店）。已故传奇股市投资家约翰·坦伯顿（John Templeton）也是出了名地节俭，他出生于美国，从小跟四位苏格兰裔的祖父母在田纳西州温彻斯特长大，后来定居在巴哈马：在九十多岁的时候，他还是亲自发传真，开着一辆廉价的起亚汽车在巴哈马首都拿骚到处跑——他在拿骚有一栋房子。他说自己买它是为了投资，因为沿海的好地段是有限的。然而，根据华尔街流传的说法，坦伯顿眼光独到，他深谙人性和美国人的消费习惯，他曾是自主仓库公司的早期投资者之一。

著名高管培训师、财富 500 强公司 CEO 咨询顾问拉姆·查兰（Ram Charan）的人生则可能是一个更加极端的例子。拉姆不光没有车（他从来也没有学过开车），并且直到前不久才拥有了自己的第一个固定居所。他之所以出名不光是因为他的咨询建议和追随者，还因为他一年 365 天几乎每天都在世界各地出差，住在宾馆里。如果需要的话，他那为数不多的员工会负责把一箱干净的衣服和其他杂物用联邦快递发到他入住的宾馆；拉姆会把脏衣服再用联邦快递发回去，清洗、叠整齐后再寄到他下一家下榻的宾馆。

其实这种不断变化的生活态度中存在着某种矛盾：有些人虽然减少了资产，但飞行次数（以及使用快递的次数）却增加了。另一个相关趋势是意大利的慢食运动，该运动已经走向全球，它鼓励朋友和家人放慢脚步，关闭电子设备，相互陪伴，享用新鲜、天然、营养全面、就地取材，并且带着浓浓爱意精心烹制的食物——再配上一大杯慷慨的红酒。法国面包师 Lionel Poilane 是倡导慢食运动的一位先驱者。他凭着对完美的苛求烘焙出了世界上最美味的面包，原料取材于本地，且全部由手工精心制作。然而，在互联网泡沫时期，Poilane 的邮件订购生意依然做得如火如荼，大批面包从巴黎快递到硅谷，价格之高令人咋舌。尽管这位法国面包师是慢食运动的先驱之一，他自己却仍追随着 21 世纪的步伐生活着。2002 年，他乘坐的直升机在布列塔尼的海岸边坠毁，不幸身亡。

我认为，关键并不是要逃避现代化，而是要学会识别并消除那些通常随之而来的不必要的繁杂性。在现代化的环境中找到增强简洁性、持久性以及自我实现的工具和趋势。避免、消除，或者减少那些无法达到这一效果的事物。在商业领域，这意味着首先要搞清楚战略意图，然后，坚决只采用支持这一战略的产品、流程和系统，抛弃一切可能使其混淆、偏离战略意图的事物。这意味着决策的困难度将增加，且无法满足各个部门或所有利益群体，但是正如许多公司过去所发现的那样，如果极力想要满足所有人的一切需求，最后往往连一个需求都满足不了。

　　但是为了要从简洁性、持久性和自我实现的观点出发去理解哪些机会具有发展前景，这就需要我们既关注未来，又要关注周围的情况。更重要的是，当到达转角点时还需要具备采取行动的勇气。正如我的一位荷兰朋友喜欢说的那样："如果你看到墙上有字的话，就把它读出来。"或者据报道（某种程度来说更有口才的）已故美国最高法院法官奥利弗·温德尔·霍姆斯（Oliver Wendell Holmes）说过的那样："无知，与复杂无关，对此我不屑一顾；简单，是对复杂的超越，为此我奋不顾身！"

第5章 重建社会关系

为什么关系比交易更重要

为了买些不需要的物品而透支财产是经济的不良基础，也是一个家庭的不良根基。现在是时候停止与邻居相互攀比并学会认可他们了。电视广告和广告牌上宣传的价值不是我们想教给子女的，而关心穷人不只是一种道德责任，对于公共利益同样也十分重要。

——吉姆·沃利斯（Jim Wallis），神学家、作家兼社会公平组织
旅居者（Sojourners）首席执行官

咨询顾问的成功之道……维系于其洞察客户需求之根本及引导决策之正确的能力。

——安德鲁·托马斯（汤姆）·科尔尼（Andrew Thomas "Tom" Kearney），
科尔尼公司已故创始人

与家人、朋友、同事、客户和顾客共享悠闲安逸的时光从来都不是浪费时间，相反，这对于个人甚至组织的成长和成功至关重要。

来源：Datacraft／imagenavi／GettyImages

正如你知道的那样，我们生活在一个人际关系日渐疏离的时代。老板与员工、借款方与贷款方、公民与当权者、消费者与制造商之间的信任正被日益蚕食，或者说已经遭到了严重的破坏——我们看到也感受到了由此带来的后果。在陷入困境的大型瑞士银行瑞士联合银行（UBS）150 周年的纪念会上，充满了忏悔的气氛。瑞银集团董事长卡斯帕·维利热（Kaspar Villiger），曾任瑞士联邦委员会主席，同时他也是一位烟草制造商的儿子，他表示信任"不能完全建立在久远的成立之初，我们必须不断重新赢得信任……声誉是一家银行最重要的财富。只要一个轻率的举动就可能导致名誉扫地，但若想要重建声誉，则需要付出辛勤努力和巨大代价"。

金融危机毫无疑问地加速了这一进程，由全球领先的埃德曼公关公司（Edelman）发布的"信任度晴雨表（Trust Barometer）"调查发现，2011 年，可信度受到怀疑的国家数量首次超过了值得信赖的国家数量。失业率居高不下，很多公司又选择裁员和提高生产率来维持利润（这通常意味着从每位员工身上获取更多的价值，但不会支付更多的工资），因此，员工对老板越来越不信任也就不足为奇了。国家领导人不能成功解决国民面临的种种问题，也完全不因这些困扰大众的问题而倍感压力，这加重了国民和政府之间早已存在的不信任感。

这些大多都发生在金融危机之前，但毫无疑问的是，几种趋势结合在一起共同加剧了早已存在信任危机，金融危机只是其中之一。例如，通常在封闭的郊区出现的独居和临时居住的趋势，导致个体独立化加重，人与人之间的联系减少，人际关系堪忧。收入分配的不公平愈发严重，导致人们对团体的概念日渐淡薄。弗朗西斯·福山（Francis Fukuyama）将此称为社会资本形成的削弱。福山对社会资本的定义（在他1999 年发表的题为"社会资本、公民社会与发展"的文章中）可能有些难懂："社会资本是一种有助于两个或多个个体之间相互合作、可用事例说明的非正式规范。"但是他清楚地指出，社会资本不只建立在人与人之间可察觉的各种联系之上，同时也建立在能将可能的合作机会变为现实的"实际的人类关系"之上。

我在科尔尼公司最自豪的时刻是在金融危机最严重的时候，我们的合伙人团结在一起，共同做出决定：在所有我们需要全力以赴的事情中，保护员工利益是重中之重。当时，很多雇主为了保住利润不得不大肆裁员，但我们并没有这样做，我们努力团结大约 3 000 名员工的队伍，也因此成为业界最有团队精神的公司之一。

你不能指望舒舒服服地坐在办公桌前就能改善和重建人际关系。在这方面，美国航空公司（American Airline）的做法是正确的，该公司提出了"We know why you fly（我们理解你乘坐飞机的原因）"的口号（英国航空公司也紧随其后，提供在飞机上面谈生意的服务促销，为中小企业主提供赢取面对面会议机票的机会）。就我个人而言，我参加的每场视频会议似乎都以同一个问题结束：我们什么时候能安排一次面对面的会议？2008 年，持有土耳其和美国双重国籍的穆泰康（Muhtar Kent）成为可口可乐的董事会主席和首席执行官，他说："我们已经变得向内生长了。我们大多数的会议都在自己内部召开，我们没有走出去看看这个世界究竟在发生着怎样的变化。"他在很短的时间内转变了可口可乐的各项工作做法，这对公司及其全球的股东和利益相关方都十分有益。当涉及信任关系的重要性时，可口可乐也始终处于领先地位。面对面握手的合作关系是一种优良传统，对于公司的成功起到了至关重要的作用。正如穆泰康说的那样："品牌就是一种承诺，好的品牌就是信守承诺。"在可口可乐的案例中，它已经超越了消费者、股东和员工，而是更大范围地向全球各地的利益相关者许下承诺。

人际关系对于各行各业都十分重要，尤其是在政界。我最近在与国会山工作的前同事聊天的时候，他告诉我为什么这些年来的政治混战越来越对事而不对人。你知不知道当时还是共和党参议员的丹·奎尔（Dan Quayle）和民主党前众议院领袖迪克·格普哈特（Dick Gephardt）这样针锋相对的政客居然也不顾每天的交通拥堵，经常一起去上班吗？这不是在浪费时间，虽然他们在大多数事情上意见相左，但两人还是建立起了私人友谊，其他很多人也是同样。

除了人与人之间互动交流的减少，我们还发现虚拟的人际关系已经干扰了实际生活中的人际关系。我最近认识了巴西某企业的一位高管，他跟我说他每天早晨至少跟50个人一起吃早餐。这得是多么庞大的一个家庭呀，我十分惊讶，问他这是怎么回事。他接着解释说，每天早晨一起吃早饭的人包括他自己、他的妻子、他们的两个青春期的女儿和几十个他们正在偷偷发短信的对象，而真正的家庭成员在餐桌上却很少对话。在他这样解释之后，我忽然觉得自己也经常跟很多人一起吃家宴。

丰田公司在美国电视台投放了一个很有意思的广告，一位年轻女孩正坐在笔记本前，为她刚刚说服父母加入 Facebook 懊恼不已。尽管有女儿的帮助，他们的线上好友还是少得可怜。在女孩继续解释"这"——指她在 Facebook 上的联系——"就是生活的时候"，屏幕上都是她父母（开着丰田车）在日常生活中各种活动的片段。先不管这里的幽默和偏见，我们应该明白，年轻一代不是唯一有错的群体——我们都犯有过度使用黑莓和苹果手机的过错。

再次谈到政治领域内紧张的人际关系问题，我们必须提到美国国会中一颗新兴的民主党之星（也是我毕生的好友）格里·康诺利（Gerry Connolly），他是北弗吉尼亚州费尔法克斯县监事会（Fairfax County Board of Supervisors）前任主席（费尔法克斯是美国弗吉尼亚州北部的一个县，按大小可以算得上美国第十三大城市，第十二大学区以及第六大企业办公所在地）。他强调说，我们扭曲的政治是真实生活的反映："政治的多极化源于我们现有的奖惩机制对妥协行为绝不容忍。"他还指出，2010 年美国最高法院做出了公民联合组织诉联邦选举委员会的最终裁决，取消了之前对企业资助政治竞选的金额限制，永久性地改变了美国的政治格局。然而，单一议题竞选资金限制的取消，无处不在的通信媒体，使得那些坚持党派正统性的人受益，而那些在重大问题上寻求妥协的人则往往会受到惩罚。

虽然最高法院的裁决导致大量现金无节制地涌入美国政界，但是与之相反的是，政治影响和政治准入门槛仍相对较低。前财政部长，同时也是哈佛大学校长的劳伦斯·萨默斯（Larry Summers）曾被人问到，在他担任哈佛大学校长期间，如果向哈佛大学捐助 25 万美元，能否有机会跟他见上一面。萨默斯回答："当然不能。"但是当问到捐助同样的金额在华盛顿又可以做些什么时，他说："你可以见到参议院多数党领袖、众议院议长，甚至是总统——任何人都能见到。"

前温和派共和党参议员阿伦·斯佩克特（Arlen Specter）的新书书名很好地说明了这一切：《食人族生存法则：政治生涯、茶党运动和我们熟悉的政府的终结》（*Life Among the Cannibals：A Political Career，A Tea Party Uprising，and the End of Government as We Know It*），书中讲述了他从政生涯中的种种趣闻轶事。而他对国会中愈演愈烈的"赶尽杀绝"的氛围的描述却不那么有趣，妥协成了一个肮脏的词语，两党中的温和派都受到了攻击。

■ 三线鞭令

英国人在猎狐运动（现在在英国是违法的）的基础上创造了一种对于此类处罚或强制体系的非常生动的语言描述：即在议会中，一行鞭令敦促党员以特定的方式投票；两行鞭令要求党员必须以特定方式投票；三行鞭令时，如果不按照规定的方式投票，则会做出严厉的惩罚，包括开处党籍。在这里我要强调的是我称之为友好的合作氛围。

互相信任的人际关系不只是政治稳定的基础，同时也是企业繁荣发展的一剂良药。在以营利为目的的公司，为了重建共同的目标感和团体意识，员工需要有时间聚在一起，在其他地方也是如此。这里就存在这样一个矛盾：员工需要暂停工作和休整才能保持高效率和创造力；同时，新的视野、声音和人际交往可以帮助激发和恢复人的思维。就像战略家加里·哈默尔（Gary Hamel）在《领导革命》（*Leading the Revolution*）一书中说的那样："习以为常是我们的敌人，它将所有的事物都变成糊墙纸一样司空见惯。旅行会带你进入陌生的环境，体验不同的生活，摒弃以往的偏见。"所以我说，你曾经考虑过要组织大家去阿拉斯加开展团队建设的旅行，其实并不是一种浪费。

这里要提到一个更广义的观点：扩展或重塑你的人际关系（真实有形的）不仅仅让你有机会分享休闲时光，交流人生经历，这也是人际关系的基石；同时也让你有机会拓宽视野，这是个人世界观形成的基石。我最近在华盛顿的办公室遇到了新加坡政府策略办公室的一位高级官员（是的，新加坡设有策略办公室），当我问到他来华盛顿还有什么事时，他说他经常定期到世界各地旅行，在不同的城市停留，只是为了见见有趣的人（这他的原话，我保证不是我说的），了解他们看待不同问题的角度。这是他逃脱日复一日在同一间办公室接受同一群人集体思维的方式。更令人惊叹的是，他还带着自己的员工与他一起环游世界，他说他自己并不是唯一需要拓宽视野的人。

▦ 暂停原则

管理有效性包括更快速地完成更多的工作；领导有效性则包括放慢脚步、化繁为简、转变工作方式……经理们通过激励和控制完成工作，而领导们需要停下来寻找新的方式方法。

凯文·卡什曼（Kevin Cashman）是光辉国际（Korn/Ferry）的资深合伙人，也是我之前在本中引用过的《暂停原则》（The Pause Principle）的作者，他曾提到说有创造性的暂停是清晰的领导思维不可或缺的部分，也是组织内外建立新的人际关系的重要因素。凯文表示："管理有效性包括更快速地完成更多的工作；领导有效性则包括放慢脚步、化繁为简、转变工作方式……经理们通过激励和控制完成工作，而领导们需要停下来寻找新的方式方法。"作为咨询师的凯文为我们列出了以下非常实用的四格模型：

高复杂度	极度活跃	创造转型
低复杂度	事务处理	活跃不足
	暂停/反思少	暂停/反思多

来源：Courtesy of Kevin Cashman

　　我认为凯文说得非常对。在低复杂度的工作中反思的不足代表的仅仅是重复性、事务性的工作环境，但是（正如我们所了解的）工作每分每秒都在变得愈加复杂；在高复杂度的工作中反思不足则意味着表面上的极度活跃，更常见的是持续性的劳动（实际并没有多少成效）。当然，反思过度则可能意味着不够活跃，多思少动。但是，在今天纷繁复杂的商业和政策形势下，如果我们想要拥有改变的力量，就需要有足够的停顿和反思。这就像世界各地每座 IBM 办公大楼里贴着的标语一样——我们需要"Think（思考）"。

　　但是我们也知道，如果身体不舒服就无法很好地进行思考，这让我想起古拉丁语中的一句话——"健全的精神寓于健全的身体"（Mens sana in corpore sano）。这不是说要我们每天在健身房运动 3 个小时，我们更多的是要寻找一种平衡，这种平衡是我们在这个眼花缭乱的时代中很难找到的。这也表示我们需要正确的饮食，如果我们的先祖们知道如今越来越多的人面临的问题是吃得太多，而不是长久以来困扰人类的吃不饱的问题，他们一定会惊讶到哑口无言。20 世纪 30 年代末，乔治·奥威尔（George Orwell）曾写道"百万富翁的早餐可以是橙汁和高纤粗麦饼干，失业的人可吃不到……（他想要一些）稍微'美味'点的东西就够了……"精瘦健康的富人和大腹便便的穷人的差异从奥威尔时代就开始了，低价简单的快餐满足了我们对糖、盐和脂肪的欲望。

　　在全世界，瑞士人及其居住在阿尔卑斯山的邻居可能因为其对健康的广泛关注而被人们记住，而不再是因为他们银行的"不能说的秘密"。纵观瑞士 700 多年的历史，大多数时候瑞士都是一个相对贫穷的国家（他们对外出口最多的是雇用兵，现在保护教皇人身安全重任的瑞士卫队中仍有部分雇用兵）。19 世纪末，瑞士旅游业快速发展，人们纷纷来到阿尔卑斯山上散步、远足、休息、滑雪、呼吸新鲜空气、享受早期研发的健康食品（如瑞士医生马克斯·伯彻在 1900 年发明的瑞士麦片）。

　　肺结核病人过去经常到高海拔的疗养院小镇保养肺部，比如达沃斯。现在达沃斯镇上著名的贝尔乌德里酒店（Belvedere Hotel）每年一月份都住满了公司总裁和国家元首，该酒店最初是有钱人的疗养院。1931 年，在瑞士蒙特勒市的日内瓦湖畔建起了一所莱珀妮诊所（La Prairie Clinic），相比位于美国的约翰霍普金斯（John Hopkins）和梅奥诊所（Mayo Clinic）等顶级大型医疗机构，病人都更愿意到莱珀妮诊所以及其他类似的诊所寻求更私人和更全面的服务。达沃斯同时也是德国作家托马斯·曼（Thomas Mann）的著作《魔山》（*The Magic Mountain*）一书的背景地。尽管如今此地发挥的魔力与当初已经截然不同了，但是就连世界经济论坛（World Economic Forum）的发起人克劳斯·施瓦布教授（Klaus Schwab）在某种程度上也变成了一个超级越野滑雪马拉松选手（有人评价克劳斯说，自从提出了达沃斯论坛这个经典想法以后就再也没有什么其他什么可说的了。当然，这是一种酸葡萄的心理，我们当中很少有人一辈子能有一个比得上达沃斯论坛这么棒的想法，更少有人能像克劳斯那样完美而成功地实现了这个想法）。

这一来自阿尔卑斯山的健康、平衡的传统理念一直传承到现在，而且当今社会比以往任何时候都更需要坚持这一理念。因此，现在总部设在瑞士日内瓦湖畔沃韦镇（Vevey）的全球最大食品公司——雀巢（Nestle）公司再一次成为全球领先的健康品公司（我会在下一章节详细介绍），这一点也不足为奇。如果你有幸在天气晴朗、阳光明媚的日子参观雀巢公司的总部大楼，从大厅往外看的景色绝对会让你叹为观止，员工咖啡厅（或餐厅）的食品也是既丰盛又健康。在咖啡桌上，你或许会看到《阿尔卑斯饮食》（*The Alpine Diet*）的复印本，这是一位在附近行医几十年的美国心脏病专家的作品。在这个国家的另一边，名副其实的亿万富翁、慈善家和投资家托马斯·史密德海尼（Thomas Schmidheiny）已经把其家族所有的巴德拉格兹度假大酒店（Grand Resort Bad Ragaz）变成了世界上最好的休闲、医疗保健和温泉SPA的胜地。你要亲眼见过才会相信世上真的有这么好的地方，在这里你会拥有全身心的、无与伦比的享受。这是19世纪生活理想和21世纪科技成果的完美结合。

▦ 家庭关系的内涵

当然，我们在讨论改善人际关系时不可避免地要谈到十分重要的家庭关系。世界上大多数的企业仍然是以家族企业为基础的。实际上，我认为家族企业的演进（甚至是内部改革）是我们这个时代的大势所趋。在亚洲、拉丁美洲和中东地区，很多大型企业仍是家族所有的，至少是由家族控制的，在这些地区，信任主要是建立在家庭关系之上的。

当然，我们在讨论改善人际关系时不可避免地要谈到十分重要的家庭关系。世界上大多数的企业仍然是以家族企业为基础的。实际上，我认为家族企业的演进（甚至是内部改革）是我们这个时代的大势所趋。

如果我们对比一下北美和欧洲历史悠久、延绵数十年甚至几百年仍蓬勃发展的家族企业，我们可以发现它们有几大特点：尽管家族的印记仍然非常明显，但现在的管理人才大多数是从外部引进的。家族希望财富持续增长，因而将自己的角色定位成火焰守护者——作为董事长或董事会成员、资金的稳定来源、持续发展和企业文化基因的守护人，同时也是努力吸收外部人才和思想的优秀侦察兵。你会发现，目前在私人拥有的大型公司如嘉吉公司（Cargill）、柏克德公司（Bechtel）或者是玛氏公司（Mars，糖果公司），很少有（有些公司有为数不多的）家族成员在公司管理层任职；而在家族持有多数股权的上市公司也是如此，如摩森康胜公司（Molson Coors），第七代酿酒传人加拿大籍的安德鲁·莫森（Andrew Molson）于2011年接替科罗拉多州戈尔登市的彼得·康胜（Pete Coors）成为公司董事长。

一旦缺乏直接的市场压力，可能会导致家族企业放松警惕——最终丧失其创立之初的激情和创新精神。但是没人规定说家族企业一定要沿着从激情创业、颇具规模到最后的衰退，直至破产或出售的道路走下去。比如宝马公司（BMW），绩效表现仍然是公司关注的重点（从各个方面来说），可以说这种导向不是因为摆脱了家族的控制，而是源于家族的控制。低调的科万特（Quandt）家族持有宝马公司接近50%的股权（直接或间接持有），40岁上下的斯特芬·科万特（Stefan Quandt）虽然在公司之外还承担着各种各样的工作（从明尼阿波利斯到中国香港），但仍然坚持代表家族低调出席宝马监事会会议。

有时候家族的印记也通过其他方式保留下来：总部位于德国斯图加特的全球最大汽车零配件制造商博世公司（Robert Bosch）以其严格的精密工程闻名于世，如今其92%的股份由罗伯特博世基金会（Robert Bosch Foundation）控制，该基金会不仅为公司提供资金，同时也运营自己的项目（包括一项备受关注的奖学金计划，为美国年轻的专业人员赴德国工作一年提供资金）。同样，可媲美美国洛克菲勒财团的瑞典瓦伦堡（Wallenberg）家族将其家族名下的大部分股权投资在多个家族基金会，因而控制了公开交易投资公司 AB 控股公司，在 ABB、伊莱克斯（Electrolux）、阿斯利康（AstraZeneca）和爱立信（Ericsson）等多家跨国企业持有大量股份（这也表明，无论是公有制企业、私营企业、营利企业、非营利企业，甚至是国有企业，它们之间的界限已经越来越模糊，我想这个趋势在未来会更加明显）。

但是我也承认，即使在企业文化基因仍然独具特色的情况下，维持家族企业一代又一代地繁荣发展还是相当困难的。大家可能也知道，英国曾经是奎克家族（Quaker）建立的很多大型公司的起源地，包括吉百利（Cadbury）、朗特里（Rowntree）、卡斯饼干（Carr's）、Fry 巧克力公司，甚至还包括巴克莱银行（Barclays Bank）。对巧克力产品（包括食用和饮用）的重视是奎克家族社会良知的一部分，他们的目的是用温和的巧克力代替杜松子酒一类的酒类饮品。但是奎克家族的兴盛已经成为历史，现在这些公司都已不再属于奎克家族，大多数都被其他公司收购了。

可以说这一切归结到底都可以追溯到人际关系的变化。当关系逐渐淡漠时，你就该敲响警钟了；当关系仍然紧密深厚，公司发展的根基就会保持完好无损，并且能够逐渐壮大。位于伦敦舰队街（Fleet Street）的 C. Hoare &Co. 私人银行资产高达数十亿英镑，但一向都低调谨慎。银行始建于 1672 年，如今仍在家族第十一代接班人的领导下蓬勃发展。你可能不知道这家银行，但是据某些数据统计，它是英国最成功的金融机构，而且在最近的金融危机中，仍然有大量资产流入该银行。你知道吗，这家银行的合伙人现在还坚持在同一间办公室工作（同时摆放很多张办公桌），他们每天中午还一起吃饭（如果没有外出见客户的话）。这也难怪公司成立 350 年来依然兴旺，蓬勃发展。

第6章　不要坐等奇迹发生

当年如果我问顾客他们想要什么时，他们肯定会告诉我："一匹更快的马。"

——亨利·福特（Henry Ford）

未来已经到来，只是尚未平均散布到世界的每一个角落而已。

——保罗·萨夫（Paul Saffo），资深科技领域预测专家、恒今基金会（Long Now Foundation）董事、引自科幻小说家威廉·吉布森（William Gibson）

为什么飞车从来没能"起飞"？幻想新发明没有问题，但如果沉迷于科幻小说里的重大突破，那就有点得不偿失了。

来源：Corbis

尽管传统思维模式告诉你凡事先做市场调研，但如果你真要开发出下一个大受欢迎的产品，那么你就不应该去问你的顾客，因为他们告诉不了你什么。得益于因特网和其他一些创新，权力（包括定价权）已经转移到消费者的手中。他们越来越多地参与到产品和服务的创造过程中来，而且从某种程度上说，在这个高度互动的时代，顾客参与也是非常必要的。但是，企业必须避免持续处于被动的状态；只有那些不断给消费者带来惊喜的企业才能在未来取得成功，就好比史蒂夫·乔布斯（Steve Jobs）带给世界惊喜一样。

如果你只在岸边踩踩水，却从不下水，只是等待着下一个奇迹的到来，那我劝你还是再好好想想吧。还记得那个经典的保险杠贴纸吗？"求您了上帝，请再给我一次机会吧，我保证这次绝不会搞砸。"如果你还在缅怀过去能轻松借贷、资产价格平稳增长、自然资源极为廉价以及税收低而政府支出高的好日子，我劝你还是忘了它吧。结束你的黄粱美梦，继续新的创造发明，在宏观信号不明朗的情况下抓住任何一个小的机会。要成功做到这一点，企业和政府就要能够广泛地接受信息，且用足够灵活的视角来看待世界的变迁。然而，没有资本家就没有资本主义；因此我常想，美国有着非常灵活的享受税收优惠的个人退休账户（IRA），在其他国家也有类似的工具，因此，或许政府可以设立类似的账户，让人们能够借此进行终身学习、继续教育或作为创业的启动资金。

有时候，一个不太受人关注的发明足以改变世界，比如说 20 世纪 50 年代出现的标准化集装箱就是一个很好的例子。集装箱运输成本低廉、效率更高，对世界的影响至为深远，但人们却从没有对这项发明给予过多大的赞誉。

那些超大型公司，比如世界上最大的食品公司、全球销售额超过 1 000 亿美元的雀巢（Nestle）公司，似乎不太可能会因为某种趋势或某个策略的作用而发生什么变化。而他们现在恰恰就在通过一系列微小的创新来推动销售额的增长，包括在不影响口味的前提下加入有益于健康的元素从而使营养和疗效相结合，有些人称之为功能性食品。在奥地利人彼得·布拉贝克（Peter Brabeck）的领导下，这家总部位于瑞士的食品饮料业巨头已经把自己重新定位为一家健康保健公司，至少部分如此（而且颇有效益）。现任雀巢公司董事长彼得表示："我们必须转向个性化的营养食品，并且通过这种转变，推广个性化的预防性健康理念。"他总裁职位的继任者，颇有才干的保罗·薄凯（Paul Bulcke）正在努力落实这一想法。是的，雀巢还会继续销售他们琳琅满目的各类品牌，从圣培露矿泉水和哈根达斯冰激凌到 KitKats 巧克力、雀巢咖啡、普瑞纳喜跃宠物食品、Buitoni 意面、嘉宝婴幼儿食品、Stouffer 冷冻餐、Nespresso 高品质咖啡机，等等，以上例子仅仅是雀巢全球销售品牌的冰山一角。但各类品牌所含的成分将会不断变化——变得越来越好。

雀巢甚至与瑞士雪与雪崩研究院（Institute for Snow and Avalanche Research）合作研究微小冰晶，希望生产出口味更佳的冰激凌。"冰激凌本质上是一种极不稳定的物质……冰会与奶油和糖等原有成分分离。"汉斯·约尔格·林巴赫（Hans Jorg Limbach）博士说道，他是雀巢研究中心的一名科学家。我知道一些爆炸性物质天生就是不稳定的，但是冰激凌——谁知道呢？不管怎么说，雀巢正对此进行积极的研究。当然，雀巢在食品创新的很多领域处于领先地位，不仅在健康营养方面，还有食品保质期等其他方面。雀巢在 32 个不同的研究中心有 5 000多名专业人员，共同为实现被彼得称为"共同价值"的公司宗旨而不懈努力。

如今，有人怀疑这种程度的创新是否够快或够强到能真正改变世界。一些严肃的商业环境分析师，比如著名的风险投资家、亿万富翁彼得·泰尔和经济学家泰勒·寇文都认为，过去几年创新一直止步不前。他们认为不断增长的专利数量不说明问题，问题是能够提高生活质量、改变生活方式（网络之外的）的技术突破明显放缓了。我的父亲是一位普通的蓝领工人，1990 年，年迈的父亲曾对我说过这样的话，他说："儿子，你以后的生活里看到的那些改变恐怕都不可能比得上我经历过的那些，你看，普通家庭都能买得起小汽车、电视机，还能乘飞机旅行……而且还有了沙克疫苗，我们不必担心孩子患上小儿麻痹症……现在我们还有了传真机和电脑。改变的速度还有可能更让人惊讶吗？"

▓ 创新：到底是变慢了还是更快了？（我认为是后者）

彼得·泰尔认为，如果我们四处看看，创新速度减慢的迹象随处可见。有史以来，旅行和交通运输的速度第一次开始减慢。他还发现，就连老谋深算的沃伦·巴菲特（Warren Buffett）最近也向美国铁路行业注资 440 亿美元，而这个行业的"运输与能耗的比例如果能回到过去的水平就已经相当不错了"。

根据彼得·泰尔的测算，农业生产力的增速也在下降，美国人均预期寿命的增长在下降，制药行业对新型畅销药品的研发储备不足，企业和投资人把对高回报的追求寄托在财务杠杆上，而不是科技进步带来的生产力提高上，而快速发展的雄心壮志在 IT 业之外几乎荡然无存。尽管一向自我标榜为自由论者，泰尔也承认：

国家能成功地推动科技发展，这是无争的事实。曼哈顿计划和阿波罗工程就是很好的证据。自由市场提供的资金不足以满足大量基础研究的需要……如果是在现在，即使来自爱因斯坦的信也可能会一直沉睡在白宫的收发室，曼哈顿计划甚至根本不会启动，更别说在三年之内完成了……20 世纪五六十年代纽约市的伟大建设者罗伯特·摩西（Robert Moses）和巴西利亚的伟大设计者奥斯卡·尼麦耶（Oscar Niemeyer）都属于过去那个人们对未来有着具体想法的年代。如今的选民更喜欢维多利亚时代的房屋式样。甚至就连科幻小说作为一种文学体裁都沦落了。

麻省理工学院毕业的发明家和企业家雷·库兹韦尔（Ray Kurzweil）则持有不同的观点，他认为科学仍在以爆炸式的速度增长，即便很多进步不是肉眼所能观察到的。到 2045 年，那些活着的人将会受益于一种再生性药物，能够停止衰老甚至返老还童。根据他的说法，这不意味着你需要用到自己的身体那么久，到那时大多数生物形式将与机器形式融合，人工智能将大大超越人类思维，人类将无法理解正在发生的一切。这听起来很像科幻小说（甚至有点吓人），但是雷·库兹韦尔是一位非常伟大的发明家，他成功地发明了语音识别技术、光学字符识别系统，还有很多超乎人们想象的新发明，所以想要把他的话当成天方夜谭没那么容易。

彼得·泰尔和雷·库兹韦尔都认同的一点是，互联网行业将继续展现出一种我们希望在各个行业中都能看到的勃勃生机的景象。甚至有人认为本书前面提到的不断增加的信息超负荷会给某些治疗技术困境带来一线生机。听过一家叫 Tibco 的公司吗？这是一家总部位于帕罗奥图的软件公司，客户范围从知名的电子商务公司亚马逊到美国国土安全部，为各种类型的客户提供服务。Tibco 软件公司高管穆拉特·森梅兹（Murat Sonmez）曾在达沃斯论坛上解释说，他们的事业是"从大量迅速激增的电子数据中去粗取精、发现规律"。他接着说道，"我们可以预测玩老虎机的人什么时候会觉得无趣。"《纽约客》（New Yorker）记者在世界经济论坛年会上对他的采访报道："他解释了 Tibco 公司代表哈拉娱乐公司（Harrah's）设计了一个系统，可以测算出赌博的人什么时候开始输到离开赌场，甚至永不回头。"

如果这个系统在拉斯维加斯管用，那么我们是否也能从中受益？

知识孵化场

与此同时，即使我们试图建立一个值得守护的未来，我们仍然必须生活在此时此地。听说过日本的关西科学城（Kansai Science City）或者马来西亚的电子信息城（Cyberjaya）吗？对于马来西亚人和日本人从零开始建造新硅谷的尝试应该予以认可，但是抛开必要的模式（和大量资金）不谈，要完成也是相当困难的。俄罗斯莫斯科郊外的斯科尔科沃就是一次最新的尝试，但是俄罗斯人很明智，选择了与麻省理工合作建设合适的创新孵化基地。

《维基经济学》（Wikinomics）作者唐·泰普史考特（Don Tapscott）最近表示，"未来有赖于跨越国界、文化、企业和学科间的合作。合作下的经济拥有增长、创新和多样化的无限可能"。这种说法得到了宝洁公司前总裁雷富礼（A. G. Lafley）的认同："今天的公司，无论规模多大，国际化程度多深，仅仅依靠自己的话，无法完成大规模的快速创新。与消费者和客户、供应商及商业伙伴之间的外部合作，以及与不同业务部门和组织之间的内部合作都非常重要。"我在本书中也提到，我深信多样性和包容性绝对是创新不可或缺的元素，这也是科尔尼将这些价值观视为珍宝的重要原因。但有时候，多样性（尤其是在学术机构）已经变成一个口号，代表了新的正统和新的单一论调。如果人人都像史蒂夫·乔布斯（Steve Jobs）那样思考（和穿着），公司的创造性也就达到了顶峰；穿着黑色高领绒衣不会让你变得更有见地。这里我指的多样性是思想和观点上真正的多元化；而包容性是指不同背景、不同文化、不同国家的人才和员工的紧密团结，携手共进。简单地说，你是不可能从与你相似的人那里学到太多东西的。正如科尔尼公司创始人安德鲁·科尔尼（Andrew T. Kearney）写道的："公司的真正实力在于我们的各不相同，很多组织也都如此……公司的内在力量在于我们的各种不同兴趣点。这是我们的全部。"

但是这些创造力能真正发挥功效的秘密武器究竟是什么？多伦多大学罗特曼管理学院的理查德·佛罗里达（Richard Florida）认为经济发展的活力来自于那些能让颠覆传统的思考者和行动者感到生活（和工作）有趣的时尚、不拘一格的城市。来自洛杉矶的乔尔·科特金（Joel Kotkin）强烈反对这一观点，他表示"对于那些有钱人而言，他们希望享受从过去的商业中心逐渐演化而来的优雅的城市风韵，很少有城市能够达到这个标准"。我们自己的《科尔尼全球化城市指数》（A. T. Kearney Global Cities Index）试图衡量一个城市的活力和连接性，不仅仅是关注经济或金融指数，同时也加入了文化、教育、娱乐和其他的衡量指标。我们这样做的原因在于我们认识到一个城市的创新与机遇是全方位的，而不是局限于一项特定的发展计划或举措。

随着后石油时代的到来，阿布扎比和卡塔尔决定投资其他领域，而不是建造像迪拜那样绵延不尽的摩天大楼。不要曲解我的意思：迪拜已经成功转变为全球最大的经济中心之一，成为旅游（气势恢宏的机场、大约位于欧洲和印度的中心点上）、生活方式、投资、银行业的集合地，彰显着无所不能的态度，是中东地区名副其实的商业中心。所以像阿布扎比市和卡塔尔这样的周边地区，想要发展起来就不能步人后尘。阿布扎比"复制"建造了一个极负胜名的罗浮宫——阿布扎比罗浮宫，同样是法式风格。卡塔尔在多哈建起了法国著名的圣西尔军院的海外分校（致力于成为中东地区的美国西点军校和英国桑德赫斯特皇家军事学院）。

在某种程度上，小国家拥有了前所未有的独特优势：长久以来，小国家都处于它们强大邻邦的虎视眈眈之下；而如今，小国比大国更加机动灵活。位于瑞士和奥地利之间的列支敦士登因为其银行保密制度而使形象受损。幸好现任大公汉斯·亚当二世（Hans Adam II）自己就是一名成功的创业家（他为亚洲饥饿的国家开发水稻新品种），同时也具有高超的智慧。他的新书《第三个千年的国家》（*The State in the Third Millennium*）中提出了一种新宪法以激励政府思考，该宪法允许在王国和共和国体制中寻找折中的方案。同时，列支敦士登这个以其统治家族的姓氏命名的迷你小公国在激烈争辩之后采用了当今世界上最精细（也是最简短）的宪法。

出生在得克萨斯州的畅销书作家菲利普·博比特（Philip Bobbitt）同时也是宪法律师、情景规划师、国土安全专家，他风流倜傥、多才多艺，有时还被人称为"哥伦比亚法学院的詹姆斯·邦德"。菲利普指出，很多政府都没能预测如何根据未来的状况调整法律条款。在遇到危机时，领导们经常会绕过法律，无视法律甚至触犯那些碍手碍脚的法律，与他们维护法律的宣誓背道而驰，因而使整个体系的合法性受到质疑。如果他们能未雨绸缪岂不是更好？菲利普说，就像为大规模生物恐怖袭击做好预案一样，"我们需要像储备疫苗一样为可能发生的（灾难性的）事情储备法律条款"。同样，在思考全球大部分地区小规模冲突不断出现的问题上，他认为安全部队需介于警察和军队之间。这就要求恢复在一些地方仍然存在的"混合武装警察"这一法律概念（仍然存在的国家武装警察力量有法国宪兵队、西班牙民防军、加拿大皇家骑警队和意大利以勇敢和廉洁著称的宪兵队，面对黑手党毫不退缩、勇敢战斗）。

这种对法学体系的看法和创新也激发了另一场新运动，即由纽约大学经济学家保罗·罗默（Paul Romer）发起的建设"宪章城市"试验。他的想法是这样的，假如尼日利亚处于无政府的混乱状态，没人可以掌控整个国家；但或许可以从中间隔出一小块区域，使得所有事情从司法系统到基础设施建设，从教育到公共服务和社区安全都能正常运作。

这个试验已变为现实：洪都拉斯的犯罪和贫困指数居高不下，即使按照中美地区的糟糕标准也是如此，所以他们就决定大胆尝试，按照罗默的构想建立了一些特别开发区。这些开发区是新型自治城邦，拥有自己的法律并在一定程度上受外国而不是洪都拉斯中央政府的监管。这可能是世界上最有趣的新型城市实验室。临近的哥斯达黎加成为榜样：20 世纪 90 年代在总统何塞·玛丽亚·菲格雷斯（Jose Maria Figueres）（西点军校学员，后成为世界经济论坛总干事）的带领下，哥斯达黎加成为安全的、成功的、魅力十足的地方，吸引投资者、退休者和观光游客纷纷前往。

在推动新事物时，其中一件最重要的事情就是要找到在你脑中根深蒂固的成见，并且时刻保持警惕，因为这些成见会滋生很多盲点，更不用说其他的问题了。这就是为什么我建议读者要不断地寻找新的信息和想法来源，而不是舒舒服服地坐在办公桌前：你需要走出去，亲眼看看这个世界到底在发生些什么。

▓ 奖金激励创新

早在 20 世纪初洛克菲勒家族和福特家族建立起现代资助型慈善基金会之前，提供奖金是比资助更为常见的激发创新和解决特定问题的方式。

说到创新实验室，我们发现另一个旧观念又开始流行起来了：激励奖金。早在 20 世纪初洛克菲勒家族和福特家族建立起现代资助型慈善基金会之前，提供奖金是比资助更为常见的激发创新

和解决特定问题的方式。最著名的是，1714 年英国国会悬赏巨额奖金，征寻能够设计出在海上辨别经纬度的最简易方法的人，这对于当时全球领先的海上帝国十分重要。几十年后，问题最终得到了解决，奖金也发了出去。同样，拿破仑·波拿巴深谙兵马未动、粮草先行之道，他悬赏奖励给能够找到可靠的食物储备方法的人。结果，一位法国厨师兼发明家在经过数年的试验之后，研发出了安全储存食物的方法（当然他也拿到了奖金）。20 世纪 20 年代，纽约旅馆业巨头奥泰格（Raymond Orteig）悬赏巨额奖金促成了从纽约到巴黎（或巴黎到纽约）之间的首次成功直飞。1927 年，查尔斯·林白（Charles Lindbergh）驾驶着如今举世闻名的单引擎飞机圣路易斯精神号（Spirit of St. Louis.）跨越大西洋，连续飞行

33 个多小时，赢得了 25 000 美元（相当于现在的 350 000 美元）的奥泰格奖，享誉一生盛名（也有出名带来的麻烦）。

如今，激励奖金复兴的中心不在伦敦，不在巴黎，也不在纽约，而是在加州的圣塔莫尼——即 X – 大奖基金会（X – Prize Foundation）的总部。该基金会由谷歌联合创始人、Facebook 联合创始人达斯汀·莫斯科维茨（Dustin Moskovitz）以及其他（大多数是）信息业专家共同出资创立。他们最近一次的激励奖金是为前进保险杯 X 汽车大奖赛（Progressive Insurance Automotive X – Prize）而设，金额为 1 000 万美金，颁发给能耗效率超过每加仑 100 英里及以上的车队。但是并不是所有问题都能用激励奖金解决，因为往往在竞争中会花费比奖金更多的金钱。就像美洲杯（America's Cup）一样，在这项精心设计的奖金竞赛中，人们更多地为荣耀和名誉而战，并非仅仅为了信封里的那张支票。对公司来说，诀窍在于找到成功的范例并在自己公司不断复制以取得成功。

X – 大奖基金会的创始人兼主管彼得·戴曼迪斯（Peter Diamandis）在长岛长大，父母是希腊移民，他毕业于麻省理工学院和哈佛医学院。套用亚伯拉罕·林肯（Abraham Lincoln）和彼得·德鲁克（Peter Drucker）的话，戴曼迪斯的人生格言是："预言未来最好的方式就是创造未来。"这真是不错的想法。

戴曼迪斯遵循自己的想法，联合其他投资人成立了一家名为行星资源（Planetary Resources）的创业公司。该公司的共同投资人还包括谷歌联合创始人拉里·佩奇（Larry Page）和著名导演詹姆斯·卡梅隆（James Cameron）等，公司的宗旨是通过发射无人航天器到近地小行星，进行矿石的开采，从而解决地球资源匮乏的问题（当然，卡梅隆从他的深水拍摄电影中吸取了一些先进机器人设备的经验，他在马孔多漏油事故发生后还曾为英国石油公司提供建议）。

随着企业的快速创新与发展，企业需要能够迎接挑战的人才。专业社交网站 LinkedIn 的联合创始人瑞德·霍夫曼（Reid Hoffman）在他的新书《人生如创业》（The Start – up of You）中建议每个人将自己的职业生涯看作是一个人的创业。他认为创业者们不得不高度敏感、积极创新，并具有超前意识。另外，他们愿意（也不得不）明智地冒险、对自己进行投资、与其他类似的组织建立往来。霍夫曼的想法是，在一个日新月异、高速运转的世界，创业型企业取得成功应具备的各种特征对于个体职业生涯的成功也十分必要。

创新俨然已经成为热门商业新闻的口号，最近还成为《哈佛商业评论》特刊的封面标题。既然这个话题受到诸多关注，为什么企业、政府和个人仍然难以实现创新呢？即使存在各种前面已经讨论过的组织上和架构上的束缚（以及解决方案），为什么领导者还是很少能够成功推动创新，甚至在一项创新发明近在眼前时也仍然与其失之交臂呢？

主要原因有三点：在现代商业背景下，他们无法处理普遍的信息超载，因此不能在特定背景下找到真正的机会；他们缺乏更宽广的视野，无法捕捉到指向创新机遇的模糊趋势和微弱信号，因此无法认识到未来的热门事物；最后一点是，他们还缺少19世纪美国哲学家威廉·詹姆斯（William James）所说的"信仰的意志"——在面对不确定时采取坚定行动的意志。

以詹姆斯为代表的实用主义哲学流派认为，如果对绝对真理和确定性的追求会导致限制性和原地转圈的行为，那么他们反对这样的追求。实用主义者认为，采取行动，哪怕是错误的行动也远比一直为寻找确定答案而拖延时间或没有实际行动要好很多。世界上最富创新性的地方的标志一直以来都是敢于冒险，或许最著名的当属加利福尼亚州的硅谷（Silicon Valley）。在那里，勇敢创业然后失败几乎成为一种荣誉的勋章。这也难怪硅谷在2011年风险投资基金的3 673项总额达284亿美元的投资中收获了最多的资金，几乎是位居第二的纽约的6.5倍。尽管纽约Silicon Alley硅谷的崛起已是共识，但风险投资集团在寻找下一个Google或Facebook（即使仍在草创阶段）进行投资时，北加利福尼亚地区依然是风险投资的第一选择。

但是人们担忧的是，随着金融危机的到来，早期投资人的风险承受能力不断降低，比起过去，现在越来越少的投资项目涉及革命性的领域。更加令人担忧的是，这些新兴企业不能履行创造就业岗位的社会承诺，因而无法帮助全球经济——尤其是发达国家的经济——脱离困境。在近期《经济学人》杂志举办的一场有关创新的辩论会上，要求与会者就"美国将赢得创新竞赛"的命题进行辩论。但令我感到十分震惊的是，这场辩论很快就演变成了关于美国与中国的辩论。反方强调中国对基础研究和基础设施进行了大量投资，而美国（以及其他很多发达国家）却没有。正方则反称，无论中国花费多少，美国特别是硅谷的创新文化总会找到应对方案。

支持两方的与会者人数也几乎相等，但是反方的某些观点让我感到震惊。他们基本承认从文化和人力资本的角度上看，美国仍然具有高度创新的独特地位，但同时也反驳，近期美国的大部分成功创新都来自 IT 领域，其他的都在美国之外的市场实现。他们强调，这些企业本身就缺乏创造就业岗位的潜力。Facebook 和 Twitter 的主营业务都属于不需要政府支持的领域（或者说，政府在冷战后期早已通过支持国防部高级研究计划署研究的形式提供过了，因而造就了今天的互联网），而且他们也没有太多的员工需求。相反，可再生能源和生物技术领域的创业公司有能力创造更多的就业岗位，但是如果没有合适的政府支持，这类公司在美国难以获得发展所需的资金。

当然，这两方的观点都没有错，都揭示了部分真相。一个创新的经济需要明智的政府政策和投资，敢于承担风险的私营部门以及多元与包容的文化。我不想被这场颇具牛津风格的辩论制约，所以我不会在任何一个地区上下赌注。我想说的是，只有那些能将政策、风险承担、文化、多样性以及最重要的资金巧妙结合的国家、地区和城市才会成为未来的创新中心，凡是忽略以上其中一个或几个关键元素的地区都会处于落后地位。

作为商业领袖或政策制定者，您又会如何将这些元素巧妙地结合呢？答案是必须要有明确的、高效的、以价值导向的领导力：

- 正确地识别挑战。
- 适当地激励冒险精神。
- 促进思维多样性和各层级人员的包容性。
- 拥有采取目标明确的切实行动的决断力。

我前文提到过的宝洁前总裁雷富礼（A. G. Lafley）在《哈佛商业评论》2009 年 5 月发表的一篇题为"只有 CEO 能做的事"（*What Only the CEO Can Do*）的文章中也提到了类似的观点，让人印象深刻。雷富礼在文中列出了领导层带领组织取得成功必须具备的四个最重要职责。根据雷富礼的观点，这四大职责包括：

- 界定"有意义的外界"——确定哪些外部利益相关群体是最重要的。

● 确定我们的业务类型——确定哪些领域需要努力争取，哪些领域是不能涉足的。

● 实现短期结果与长期目标之间的平衡——首先要确定短期内实际可行的增长目标，同时也要立足长远，聚焦未来发展目标。

● 构建公司的价值观和标准——价值观决定企业特性。有些人可能会误以为这是 CEO 四大最重要职责中最无关紧要的，但实际上它是其中最重要的一点。没有标准和价值观，企业就没有前进的方向，不能成功实现目标；也不能激励并团结利益相关者充满激情地去实现更大的目标。

这个观点再次指出，公共组织或私人组织想要成功，必须制定清晰的愿景，设定方向，同时兼顾外部环境和长期发展目标。一个清晰、有推动力的愿景能够激发组织内部的全体成员行动起来（记得美国作家拉尔夫·沃尔多·艾默生（Ralph Waldo Emerson）曾写道："没有热情就成就不了伟大的事业。"）只有当领导人采用清晰、一致且有说服力的方式观察和沟通价值观和原则的前提下方能实现伟大的愿景目标。

用复杂对抗复杂

本书中，我曾提到过圣达菲研究所（Santa Fe Institute）如何帮助我们理解复杂性，至少让我们重新获得一些对复杂性的认识。举例来说，如今疾病从世界的一个角落传播到另一个角落只需要短短的几小时。由于如今世界的紧密联系，我们尚无法及时应对这些突发状况，但这些能将干扰高速地从一处传播向另一处的技术和联系也已经被用来实时监控可能发生的危险。接下来的 10 年到 20 年中，我们有希望看到企业、政府、公共卫生部门以及其他组织将复杂性转化成他们的优势，因为大数据（规模上超过传统分析工具和技术能力的数据，目前超过 1TB）将会得到实时的监控、分析和响应。

正如圣达菲研究所的研究员最近在达沃斯上解释的："复杂性理论为如何保护计算机系统免受恶意破坏提供了新的思路，借鉴了免疫学、流行病学和生态学的理念。在自然界，进攻者和防御者之间的'军备竞赛'从未停歇，武器和防御措施不断升级……（幸运的是）对复杂系统的操控并不是对每个个体的操控。比如说一辆汽车复杂的操控系统（仅仅）通过三个控制点：方向盘、油门和刹车。每个控制点会激发成千上万个组件，但司机并不知道。"

爱尔兰裔经济学家和技术专家布瑞恩·亚瑟（Brian Arthur）也是前斯坦福大学的教授，他曾协助建立了圣达菲研究所。他一生都致力于研究技术变革为经济和社会运作带来的深度变革。布瑞恩认为，我们正处于一系列以高度关联、数字化和复杂化为特点的深度转型中。如果所有事物都互相联系，好的东西和坏的东西飞速传播。你可能还记得在 20 世纪 90 年代的时候，技术评论员乔治·吉尔德（George Gilder）和以太网（Ethernet）联合创始人罗伯特·梅特卡夫（Robert Metcalfe）曾提出，网络的价值和力量与联网用户数的平方成正比——我们所知道的梅特卡夫定律（Metcalfe's Law）。尽管有的研究者指出这个估算只是估算得出的并非完全真实的，但是在当今高度关联的时代，网络的影响力毋庸置疑是非常强大的。

关于数字化，布瑞恩有所特指。他指的是表象之下看不见摸不着的经济，由不同流程相互触发产生：比如，当你在机场办理登机手续时，简单地刷一下信用卡，就会带来服务器之间的一场对话，有很多技术参与其中，从激光、光电到卫星系统。尽管除了一些最明显的变化外（比如你现在都能在 iPad 上阅读这本书了），在某些方面我们的日常生活似乎与 10 年或 20 年前相差不大，但实际上变化是翻天覆地的，很多变化都是肉眼看不到的。就像历史上其他巨大的变化一样，财富创造和商业机会往往伴随着整个工作类别的消失——比如从电话接线员、邮件分拣员和飞机导航员到书店老板、打字员和记账员，等等，这里仅仅列举了几种已成为历史的职业。

正如布瑞恩在近期的期刊文章中写道："这种第二（看不见摸不着的数字经济）经济并不产生任何有形的产品。它既不能帮我铺好酒店的床铺，也不会在清早给我递上一杯橙汁。但它却在数不清的经济活动中不停运行。"全新的产业正在形成，经济正在新的增长引擎下转型，人类制度还是跟往常一样跟不上改变发生的步伐，政府和社会也需要花费很长时间才能真正跟上这一步伐。无论你是否喜欢，整个世界已经变成一个"不断演变的复杂系统"，"自成一体"但是不能

"自我修复"——"自动的、智能的、可以不断增加的……悄悄形成的第二经济规模庞大、相互连接、效率惊人——它正在为我们创建一个全新的经济世界。我们如何在这个世界中存活、如何适应这个世界、怎样从中获益和分享，这些都是亟待我们回答的问题。"

▨ 即将到来：信息超载，控制它并使其为你服务

事实上，科尔尼公司已经提前涉足了这个领域，我们开发了大数据分析、预测分析和数据可视化等新方法，从而可以使我们能在数据风暴中找到一条可行之路。你可以想象，这些方法的具体细节非常复杂（比如，一种名为大规模并行处理的技术可能需要单独的一本书进行解释），我们有幸拥有一些非常聪明的人才在做这件事。但是我们正在做的事情的基本要素还是利用技术来解决看似由技术本身造成的问题。如果没有恰当的工具来帮助理解，那么企业利用技术手段获取的那些太或几个太字节的大数据集只会带来困惑、无力感和成本支出。我们的重点不是通过无休止的分析（但是通常没太大作用）增加复杂性，更不是为了虚假的简单明了而忽视大量能够获得的数据，我们的重点是管理数据，让它变得容易理解、直观明了，最重要的是可执行。

20 世纪末，似乎每家公司的信息技术部门都在忙着避免灾难的发生——也就是如今已渐渐被淡忘的千年虫大灾难。当人们都清楚网络世界不会在 2000 年 1 月 1 日终止时，他们又将重点重新放在全公司范围内的系统实施上，旨在提高数据的可用性和准确性。当所有系统都投入运行（通常比较晚，且预算超支严重）之后，数据的可用性似乎呈指数型增加了，而现在的问题是如何才能消化这些数据。

尽管摩尔定律（指出大约每两年计算机能力就会翻一番）目前看来仍站得住脚，但它仍然没能消除这些挑战。实际上，我们发现财富 500 强公司需要解决的问题和可以抓住的机遇都要求对太字节甚至更大的数据量进行切片与分割。如果没有新的方法，想要在各个维度上有效使用数据都变得异常困难——即使在强大的计算机上运行一次单一分析也可能花上一个星期的时间，开发并测试一个模

型可能要一年甚至更长的时间，仅仅依靠广泛使用的 PPT 软件无法呈现使人清晰易懂的分析结果。

然而，企业正在寻找解决这些问题的方法，所以并非满盘皆输。具体说来，我们公司正在致力于解决这些彼此不同却又相互联系的三大要素：

大数据：这是一个包罗万象的词，指的是操作、处理和分析那些对于传统关系型数据库工具和方法来说过大的数据集（按今天的技术来说是超过 1TB 的数据）。这表示公司可能有大量自己无法有效处理的数据。对比之下，大数据系统可以实时或近实时地处理超过 1TB 的数据。随着以分析为基础的决策模型（或预测分析、高级分析）的出现，企业将拥有快速处理大量数据的能力，通过拉紧顾客和供应商之间的反馈链为企业提供竞争优势。最常见的支持大数据处理的技术就是大规模并行处理（MPP）架构。大规模并行处理是一组分布式电脑连接在一起，支持并行数据处理。也就是说，企业正在利用能够进行大规模并行处理的新型工具以及分布式数据模型，有效地解决太字节的数据量。

预测分析：这是一种利用数据分析和建模来预测结果，从而给出清晰可行的任务的方法。它需要建立快速运行的算法，对大型数据集执行运算。预测分析经常与客户关系管理（CRM）系统结合起来支持市场活动。客户关系管理系统包含（理论上）一家企业与其客户之间的所有互动，其价值在于快速挖掘数据，预测产品、服务和价格对某个特定客户群的有效性。这种细分有利于公司重点关注那些更有可能对产品和服务做出回应的客户。

就如同大数据一样，开展实时预测分析的能力是这项技术的价值所在。例如，推荐产品是一种营销技术，根据客户的兴趣和购买记录，推荐与之相关的服务。具体来说，比如当客户打电话到呼叫中心，预测模型就会马上提供推荐产品，客服人员就能直接在电话上向客户推荐。同样的，预测分析也可用在供应链部门，加强库存需求的建模，提高产品运抵商店的时间和地点的准确性，减少库存不足和过量的问题。

数据可视化：在当今数字化时代，企业及其员工已经使用电子表格汇报工具来总结和交流信息。尽管也很有用，但是这种方法是静态的，且在高级分析的时代，数据的数量和分析的复杂程度正在呈指数式增长。这就要求用新的方法来展示数据、与数据互动。通过采用数据可视化技术，用户可以与实时数据进行互动，这是传统方法无法做到的。例如，数据可视化工具允许用户将数据展示在地图上。通过使用不同的颜色和阴影，可以采用超越简单表格和图表的形式将数据展示出来。可视化允许用户使用数据强调不同的部分，也能通过弹出的方式展示底层数据。而且，用户可以快速改变数据展示参数，增强对数据的掌握。我们发现，有效的、互动的数据展示有助于更广泛且更多元的受众使用以分析为基础的决策过程。

显而易见，大数据、预测分析、数据可视化互为补充。我们不可能仅选择其中一项而放弃其他两项（至少长期看来是这样的）。这三个方面帮助我们应对数据爆炸，及时地给出可行的分析。这些应对举措也会带来组织的变革。典型的数据分析师被归入后勤人员，退居幕后、一天到晚进行计算。然而，这种现象也在改变。企业需要建立跨学科小组——将数学家、统计员、项目经理、领域专家和技术人员联合起来，共同协作。换句话说，需要全体人员的共同协作，开展整个组织内部的有效的整合分析，不能单打独斗。

所以我们说，这样的世界很快就会到来：一个信息超载的世界，控制它并使其为你服务。

第7章　拓宽你的视野

拓宽视野，但同时也要具备辨识力

当用观点来代替洞察力和理解力时，它将成为一种危险的奢侈品。

——马歇尔·麦克卢汉（Marshall Mcluhan）

近似的正确好过精确的错误。

——凯恩斯勋爵（Lord Keynes）

没有人能够因为随大流而实现真正和持久的成功或财富。

——保罗·格蒂（John Paul Getty）

这张 1946 年骆驼牌香烟的老广告很好地阐释了依赖专家观点会导致的问题。我们还是可以找到更好的办法的。

来源：斯坦福大学收藏（http：//tobacco. stanford. edu）

记得在 1998 年，我大踏步走上棕榈滩丽嘉酒店的演讲台，深吸一口气后开始介绍未来的墨西哥总统。我想当时大部分的听众都认为我是在开玩笑。那个不知名的男人个子高高的，穿着牛仔靴，说着一口流利但口音浓重的英语。他就是墨西哥可口可乐的前任 CEO，当时他被选为墨西哥瓜纳华托州的州长，很少有人知道这个州。在我介绍完他之后，他咧着嘴笑着说如果他真的做了总统，在座的所有人都会被邀请去皮诺斯宫（Los Pinos，墨西哥总统官邸）。这句话后来就成真了。几年后他真的当选了总统，于是——按照承诺——公司的很多客户和朋友以及我自己都有幸被邀请与比森特·福克斯总统（Vicente Fox）和他的内阁一起在墨西哥城最华丽的皮诺斯总统官邸共进早餐。出席的 CEO 之一，广告业巨头盛世长城国际广告公司（Saatchi & Saatchi）极具感召力的长期领导人凯文·罗伯茨（Kevin Roberts）跟我开玩笑说，为了出席这个早餐会，他还特别去买了一条领带和一件礼服衬衫——因为他通常都穿黑色 T 恤，并且说自己甚至都没有领带（那时的凯文真可以称得上是全世界上下班路程最长的人了，因为他的公司在纽约，但却和家人一起生活在新西兰的奥克兰）。

这个故事说明了什么？首先，许多人觉得比森特·福克斯当选总统着实让人失望，尽管平心而论，他对于废除墨西哥一党执政制度的贡献还是非常令人瞩目。实际上，我讲这个故事的寓意在于你和我都要不断追寻那些不合常规、特立独行、未曾被发掘的事物，不然的话我们就只能循环利用已有资本了。我一直都致力于发掘新的人才，而早在几乎还没什么人关注比森特·福克斯的时候，我在拉美的一位同事就已经提醒我关注这位墨西哥政坛的新星了。2001 年，有人将我引见给一位非常棒但却默默无闻的工程师科林·安格尔（Colin Angle），他曾就读于麻省理工学院。我带他来到里约热内卢，并把他介绍给我的客户，让他就家用机器人的未来做一番演讲。今天，科林已经是著名的 iRobot 的创始人和 CEO，该公司发明了广受欢迎的伦巴（Roomba）机器人吸尘器和军用 PackBot 背

包机器人。简而言之，总是去同一
个地方并且一再对着同一群人讲话
是不会让你学到任何新东西（以及
有用的东西）的。

总是去同一个地方并且一再对着同一群
人讲话是不会让你学到任何新东西（以及
有用的东西）的。

也许你需要到帕洛阿尔托的古帕咖啡馆感受一下最新的风险投资气氛，又或
许应该试着搞到达沃斯的邀请函——这是有史以来最棒的会议了。时代已经变
了，在 20 世纪 70 年代达沃斯论坛最早开始举办的时候（科尔尼是早期的赞助商
之一），为了让（大部分）欧洲商界和政界领袖都有充足的时间来发言、聆听、
滑雪以及共同进餐，当时的会议长达两周左右。当时参加会议的人很多，他们都
穿着去冬季旅游胜地的休闲装，媒体（及其他附带活动）却并不太多。在那个
动荡的年代，早期达沃斯的参与者迫切想要学习，建立新的关系，验证新的想
法。毫无疑问，有些事情现在已经不一样了，而且会议再也不会持续两周那么
长了！

如果你是达沃斯的常客，那你再体验一下类似 TED 这种论坛或许也不错。
在这类论坛上，与会者轮流分享值得一提的想法，每位演讲者都有正好 18 分钟
的时间（或者 5 分钟）来做陈述，论证自己的观点。我觉得 TED 论坛上还是有
很多很棒的家伙提出很美妙的想法，但也并不是所有人都能被说服：比如凭借畅
销书《黑天鹅》成名的纳西姆·尼古拉斯·塔勒布（Nassim Nicholas Taleb）则
一直喜欢跟人唱反调，他认为这种论坛是一个"可怕的东西，让科学家和思想家
变成了低水平的表演艺人，就像马戏团的演员一样"。

其他的例子还有流行科技年会（PopTech），这是全球最顶尖的技术与创意人
士的聚会；甚至还有"火人节"（Burning Man），每年在内华达州沙漠上举办的
反传统狂欢节，同时也是一个自我展示创意和创新的活动。"火人节"自然也有
一些原则，其中之一就是随意着装，尽情展现自我。由于"火人节"的参与者
每年都在增加，主办方不得不设立了一个摇号系统，黄牛票甚至都炒到了面值的
10 倍以上。但是等你到了那儿以后，钱就起不了太大作用了，因为你唯一能买
的就是咖啡和冰块——这是真的（根据媒体的广泛报道，谷歌的创始人拉里·佩
奇（Larry Page）和谢尔盖·布林（Sergey Brin）之所以选择埃里克·施密特

（Eric Schmidt）作为谷歌的 CEO，部分原因是因为他是最终候选人中唯一去过"火人节"的）。当然了，你也得当心那些时尚大师、自以为是的思想领袖以及每个时代都会出现的风行一时的骗子。但是如果你一直把自己封闭在家里、办公室里以及其他的舒适区内，那么你将会面临的风险其实更大。

正如凯文·罗伯茨（Kevin Roberts）所说的："不停地旅行可以让我接触到各种动态变化，这些变化几乎每天都在发生……和公司里的年轻人谈话，倾听他们，能让我和他们时刻保持联系。"

■ 改变你的信息"节食"习惯

跟某些人的想法不同，我认为减少或者断绝与媒体的接触既不现实，也没有什么好处：在当前复杂的世界，我们需要做信息的"杂食主义者"，当然最好是做有辨别力的信息"杂食主义者"。

如果你只读《经济学人》这样的学术性出版物，我推荐你也考虑定期浏览一下诸如《People》、《Hello!》和《今日美国》（USA Today）这样的杂志，哪怕仅仅是为了了解一下完全不同的兴趣和观点。同样，如果你沉溺于流行文化、运动和社会媒体，我会严肃地建议你改变一下自己的信息面。跟某些人的想法不同，我认为减少或者断绝与媒体的接触既不现实，也没有什么好处：在当前复杂的世界，我们需要做信息的"杂食主义者"，当然最好是做有辨别力的信息"杂食主义者"。

回想 20 世纪 90 年代，我记得许多高管的看法跟我刚刚所宣扬的完全相反：他们提出，你应该完全不理会那些自己无法控制的事物（仅把它们当成背景噪声），从而全身心地投入到你能够掌控的为数不多的事情上。当然，在"9·11袭击"之后，这种对愈加复杂的世界的处理——或者不如说不处理——的方式就被抛出了窗外。当时依旧有一些人，比如说我自己，多年来一直宣扬周边视野的重要性以及对外部商业环境进行监测的价值。《财富》杂志在 20 世纪 90 年代曾发表过有关"反思的重要性"，"强化你的内外部情报收集需求"等文章，并且还举了 IBM 当时的 CEO 郭士纳（Lou Gerstner）的例子："每六个星期他就会带领自己最高层的 40 位经理离开公司闭关两天……致力于非传统领域的管理学习。每节课都会有一名外来的演讲者，他们演讲的主题都是与 IBM 当前领导层中存在的最迫切的问题相关的。这些演讲者们可能是学者，也可能是来自其他行业的高管，甚至可能是艺术界的代表。"那个时候许多商业领袖认为这个想法太荒唐了，简直是在浪费时间，或者顶多算是一种消遣或者公司娱乐的形式。然而现在很少有人会这么想了。这个事例再一次说明，那些你可能错过的关键趋势信号并不总是那么容易发现的。

德国化工巨头巴斯夫前总裁贺斌杰（Jürgen Hambrecht）做了一次尝试，他引入了巴斯夫核心业务以外的许多不同领域的专家，通过他们获得新的认识。他的理由很清楚：巴斯夫如果想要具备一家全球企业在竞争环境中所必需的远见和周边视野，就必须接触到世界最顶尖的人才——并且不能局限于他们早已熟悉的领域。巴斯夫的财务表现清楚地反映出了贺斌杰富有创见性的领导力的成果，过去 10 年间，公司的平均增长率达到了 14.1%——考虑到这段时期我们所有人经历了人生中最严重的经济混乱，这个结果还不错。而他颇有才干的继承人博凯慈博士（Dr. Kurt Bock）则继承了贺斌杰的前瞻性思维理念。

再提一个建议：如果你想要跟上某些非常有趣的潮流，你或许应该经常看看像《Monocle》这样的杂志，该杂志颇为厚重，内容相当丰富，是"一份全球事务，商业，文化与设计简报"。是的，它的确做得有点夸张了（光印刷就用了九种纸张），但它也是新兴趋势的一个有用的指示器，除去过于高雅的尖端潮流的一面，我们会看到一些令人意想不到的，甚至跟我们的一般想法截然相反的理念。《Monocle》是由时尚专家、媒体大亨以及信息杂食者泰勒·布鲁尔（Tyler Brûlé）创立的，他之前创办经营过《Wallpaper》杂志，这本杂志在 20 世纪 90 年代后期取得了巨大的成功。布鲁尔被《纽约时报》称为"时代精神先生"，同时他在《金融时报》上撰写的"快车道"每周专栏也广受欢迎。诚然，并不是每个人都喜欢他，有人甚至怀疑他的名字是假的（实际上这是他的真名：他长在加拿大，父亲是加拿大人，母亲是爱沙尼亚人）。我并不是说你应该把这本内容包罗万象、价格昂贵的杂志当作自己了解最新潮流趋势的主要信息来源。只是你需要经常搜寻新的想法和新的信息源，而这本杂志则是你可能还不知道的许多新鲜来源中的一种。

顺便提一下，另一位《金融时报》专栏作家的时尚建议（以及其他方面的建议）也非常值得关注，他就是生于中国香港的企业家和餐厅经营人邓永锵爵士（Sir David Tang）。他的祖父是九龙巴士公司的创办人，在他只有十几岁的时候，家人就把他送到英国读书（尽管据说他在到那儿之前几乎不会说英语）。邓永锵爵士把自己创办的"上海滩（Shanghai Tang）"时尚连锁商铺卖给瑞士的奢侈品巨头历峰集团（Richemont）之后，又成功地成为亚太地区所有古巴雪茄的独家经销商。这可是很多很多的细长雪茄烟呀！尽管我自己无法对这种观点表示赞同，但有些人觉得一支好雪茄或者烟斗是舒缓压力的最好办法（但很明显会影响健康）。正如一名智者所说："烟斗是沉思的基础……是智者的伴侣；抽烟斗的人会像哲学家一样思考，像撒玛利亚人一样做事。"如果说这句话有点太夸张了的话，你也许也注意到了国际吸烟斗日的组织者们所说的"现在这样繁忙的环境几乎支配着我们全力以赴地向前狂奔……在一个全速前进的世界中……（现在是时候）后退一步，（点上一支烟，沉浸在）友情、善意和宁静之中。"现在就把雪茄放进你的烟斗里，吸上一口……

人们面临的不是信息过盛，而是错误信息的过度使用。借用营养学家的说法，他认为我们阅读和观看了太多经过过度处理的信息——这些信息就像是漂白面粉和精制糖一样——而信息来源也一再重复，这些信息仅仅肯定了我们自己的想法而已。

擅于运用互联网进行政治反对运动的成功实践家克雷·约翰逊（Clay Johnson）也清楚地说明了这一点，他认为人们面临的不是信息过盛，而是错误信息的过度使用。借用营养学家的说法，他认为我们阅读和观看了太多经过过度处理的信息——这些信息就像是漂白面粉和精制糖一样——一再重复的信息来源仅仅肯定了我们自己的想法而已。

再加上各类媒体都面临着巨大的利润压力，同时还有"抄闻"现象：即由于编辑们时间或经费有限，无法进行独立报道或者思考，因此炮制稿件直接刊登。事实上，卡迪夫大学的一项研究显示，英国主要报刊80%的内容都不是原创的，只有12%的新闻故事是由记者编写的。由此引发的结果有时还蛮滑稽的——2009年，电影导演克里斯·艾特金斯（Chris Atkins）发布假消息宣传一种叫作 penazzle 的虚构产品。第二天的报纸上就开始报道这种新奇的发明——而新闻稿的大部分内容只是简单的复制和粘贴。然而，脱离了思想与审核的新闻业还会带来更为严重的后果，特别是当它引发公众辩论的质量下降时。而现在我们也在美国看到政治党派主流媒体的崛起，比如右派媒体的旗舰"福克斯新闻频道"（Fox News）和倾向自由主义的"微软全国广播公司节目"（MSNBC）——这一现象自 19 世纪初期以来在美国就很罕见了——而这种现象使得公众对当下关键问题的理解和定位更加两极化，令人感到混乱和困惑。

■ 警惕传统智慧以及通常意义上的专家

每一个组织都需要有未来意识。没有对未来的充分认识，战略和行动就无从谈起。然而问题却是根深蒂固的：套用威廉·詹韦（William Janeway）的话就是：时间的箭头只会向前飞去。威廉·詹韦曾担任全球私人股本公司华平创投（Warburg Pincus）的副总裁。未来尚未来到，我们前方的事物一无所知。所以我们通常所做的事情都会事与愿违：我们会依赖那些基于当前现状来推测未来趋势的预测或所谓的专家预测，更糟的是我们还总喜欢回望过去。这些方法通常不会有所帮助，而只会阻碍我们看得更远。我们坚信那些看起来确定无疑的事情，或者被广泛接受的陈词滥调：比如房地产价格会一直上涨；（现在已经下台了的）穆巴拉克政权是稳固的；商业周期的时代已经过去了；普京在俄罗斯无人匹敌的地位将会维持好几年甚至好几十年，因为他会不断地寻求连任；地球正在变冷，并逐步进入一个新的冰河时代（我们在 20 世纪 70 年代就是这么想的）……

根据现有趋势做出的判断很可能是危险的，因为它们带来错误的见解和安慰。传统上对专家观点的应用——这很可能令人感到惊讶——也没有好到哪里去。举例来说，加州大学伯克利分校对专家预测进行研

加州大学伯克利分校对专家预测进行研究，调查了 25 年来 300 名顶级经济学家做出的 82 000 个预测。结果发现专家们的观点跟随意的猜测几乎差不多，更糟的是，专家越有名、越杰出，其预测的准确率就越低！

究，调查了 25 年来 300 名顶级经济学家做出的 82 000 个预测。结果发现专家们的观

点跟随意的猜测几乎差不多，更糟的是，专家越有名、越杰出，其预测的准确率就越低！

除了名气之外，就连那些真正有才华的人也并不总是对的。据说 IBM 在 1914—1956 年的先驱领袖老汤姆·沃森（Tom Watson，Sr.）在 20 世纪 40 年代还说过这样的话："我觉得全球仅需要五台计算机。"在维多利亚时代后期，杰出的英国科学家开尔文勋爵（Lord Kelvin）曾公开发表过这样的观点："收音机没有未来"，"比空气更重的飞行器是不可能实现的"，以及"X 射线将被证明是场恶作剧"。许多书中整本讲述曾经的伟人和杰出人物所讲的现在看起来滑稽可笑的轶事。我并不想过于苛责这些过去的绅士们，因为我们的某些预测在后代看来也会是同样的荒谬。这不是我的意图所在。

我想说的是：在大牌专家的帮助下对很多独立问题做出的预测常常存在严重的问题，甚至是危险的——而且几乎总是给人以滞后指标而非领先指标的印象。首先是面临想要打赢我们都会面对的最后一场战争的无穷诱惑，而在这一方面，主题专家与你我并没有什么不同。预测者们通常都会期望未来跟现在相同，但这种概率只有 15%。这就像是在说明天的天气跟今天的差不多一样。然而，某些预测者想要做出更为大胆的预测来吸人眼球，所以他们会高估某些新型驱动力（科技或者其他）在短期内的影响，而低估它们的长期效应。借用一个有趣的书名：我的飞行器在哪里？最后，我们仍有很多东西需要向目前仍较新的行为经济学和神经科学领域学习，这将帮助我们理解我们最深层次的认知偏差，让我们可以意识到它们，并在可能的时候加以改正。

我发现，在推动全球变化的主要驱动力中（后面再具体说），科技和人口结构变化带来的影响是经常被曲解的两大驱动力。前者会引发我之前所描述的过高或者过低的估计，而后者则几乎总是被展示成一条平滑的直线。尽管引发的反应相反，但在这两种情况下，引发错误的原因都是一样的——即直接跟着趋势走，而不会从根本上去质疑是否会发生变化。

比如说科技方面，我之前曾提到过现在的一个学派，他们认为 IT 领域之外的现代科技都已经达到了稳定时期。支持这一论断的数据来自于对数字革命的观察，数字革命经历了繁荣，萧条，随后尽管有所恢复，但目前依旧处于停滞不前的状态中。但是布莱恩·阿瑟（Brian Arthur）反驳说大部分的科技革命都需要几十年的时间才能稳定下来，根据这一理论，数字革命基本还处于早期阶段。另外，阿瑟也援引熊彼特（Schumpeter）的话反驳说："科技往往是成群出现的——电气化带来了发电机、变压器、开关装置、配电系统；大批量生产和汽车带来了生产线、现代装配方法、'科学管理'、道路系统、炼油厂、交通管控。如果这些群集足够重要的话，就定义了一整个时代的特征。它们最终改变了商业运营，甚至社会运作的模式。"今天的怀疑论者如果仅着眼于当下较短时期内的趋势，他们就很容易故步自封。

在人口统计学的帮助下，数据变得更加可靠了（比方说，我们可以相对确定地说出 25 年后会有多少 25 岁的人，因为这跟今年的出生人口数紧密相关），但是许多预言家在解读这一数据时却常常会有所偏离。其实原因很简单，基于人口统计学的假设通常是指未来某一人口群体会展现出与当前同一人口群体类似的特点、需求和行为，并且在这一基础上得出结论。许多发达国家正因为一种错误的假设而陷入巨大的财政危机——当时预计大部分 65 岁的人都差不多接近生命的终点了，因此现代福利制度将退休年龄设定为 65 岁或以上（据说在 19 世纪 80 年代由德国首相奥托·冯·俾斯麦建立了世界上第一个国家养老金制度，他设立的退休年龄事实上还要高于 70 岁）。但事实并非如此，而且在现代医学的帮助下，人类预期寿命又延长了好几十年，于是国家预算被老龄化这一阴影所笼罩。当然了，大部分预测未来预算赤字的分析师同时也预计将来大部分 65 岁的人都会退休，我们会见证事实是否真的如此（比如美联社的一项近期民意调查就显示，婴儿潮时期出生的人群中有 73% 的人打算在退休年龄过后仍将继续工作）。

有趣的是，公众通常广泛接受的一个观点是，趋势直线预测法会带来极具误导性的结果（有时还会错得非常荒谬），但愿意采纳替代方案的人却少之又少。表 7.1 是由广受尊敬的无党派研究组织美国国会研究服务中心编制的，摘自 2009 年的一份关于过去对联邦医疗保险计划（Medicare，即为老年人和残疾人提供医疗保险的津贴计划）彻底崩溃的预测的调查报告。报告显示，在 1965 年联邦医疗保险计划刚刚推行的时候，就有人预测这个计划会在很短的时间内崩溃。四十多年过去了，预测的事情尚未发生（当然了，还是有人认为会在较短的时间内发生）。

　　一再延缓联邦医疗保险陷入财务危机的是静态预测无法捕捉到的许多微小的变化。那么为什么美国政府还是要继续年复一年地出版如此不准确，甚至毫无用处的报告，而不是干脆把它换成更有分析意义的东西呢？也许是因为要想改变一项根深蒂固的流程，民政部门和政界领袖需要展现出既有胆识又能带来适当奖励的领导能力，而这是很难达成的。

表7.1　以往的受托人报告中对医院保险信托基金破产年份的预测

受托人报告发布年份	破产年份	
	None indicated	未指明
	Late 1990s	20 世纪 90 年代末
	Early 1990s	20 世纪 90 年代初
	Late 1990s	20 世纪 90 年代末
a. 未包含长期预计		

来源：多份 H1 受托人报告的中介机构预测，1970—2009 年

　　在科技和人口统计学中同时出现趋势错判的话，可能会造成某些相当严重的错误预测，正如托马斯·马尔萨斯（Thomas Malthus）在其著作《人口原理》中所说的那样。该书在 1798—1826 年共出版过六次，他在书中预测工人阶级的人口增长将会导致饥荒（但事实并没有）。著名学者保罗·埃利希（Paul Erlich）在其 1968 年发表的著作《人口爆炸》中也犯了同样的错误，氮肥的广泛应用增加了粮食产量，养活了整个世界的人口，从而打破了其中的末日设想。从定义上便能看出，科技与人口这两大驱动因素决定了增长、收入和繁荣的水平。毕竟，经济产出只是劳动人口数量（一种人口统计学要素）和他们的生产力水平（科技发挥很大的决定性作用）的乘积。低估或者曲解这两大驱动力可能带来的影响会对预测的成败造成相应的重大影响。

至于专家的观点和预言，更值得怀疑的是那种被特意雇来"把水搅浑"、引发疑虑的专家，烟草业在 20 世纪 60—70 年代开展的一项计划就只是其中一个最为明显的例子而已。他们厚颜无耻的做法实在令人咋舌：享乐科学研究合作组织（名称缩写真不错：ARISE）这个"独立"组织是在行业资助下成立的几个组织之一，致力于寻找证据来支持抽烟可以使人心情更加愉悦和放松，从而能够增强免疫系统这一假设。嘿，老兄，能借个火吗？

至于专家的观点和预言，更值得怀疑的是那种被特意雇来"把水搅浑"、引发疑虑的专家，烟草业在 20 世纪 60—70 年代开展的一项计划就只是其中一个最为明显的例子而已。

质疑专家的观点并不是像不带地图或者指南针就出海一样。除去幽默的元素之外，专家之所以被称为专家是有原因的：他们通常都是毕生致力于钻研某一特定领域的人。我并不是说你不应该听从专家的话，但是你首先要遵循三个前提条件。

- 以有理有据、尊重的怀疑主义态度来看待专家的观点。在接受他们的观点之前，首先应探查其中潜藏的假设和偏见。

- 接受时应具有灵活性。随时准备好在理据充分时改变你的观点和计划（记住之前引用过的凯恩斯勋爵的话）。你要牢记彼得·德鲁克（Peter Drucker）的忠告，所谓策略是一种随机应变的方向感——但你必须清楚地知道自己要前往何处，同时能够敏捷地做出适当的改变，抵达终点。

- 确保你所咨询的专家（以及非专家）涉足的领域足够广阔——并且要兼收并蓄。

▉ 过早正确带来的问题

有时候即使是真正杰出的人物也会做出错误的判断。太平洋投资管理公司联合创始人、传奇债券投资人比尔·格罗斯（Bill Gross）在 2011 年清空了旗下所有美国国债的做法可能就是个错误（因为美国国债不久后不跌反涨）。但他关于美国国债是最不值得长期投资的说法却可能是对的。坦白说，如果有的选择的话，我也宁愿早点做出正确判断也不愿太迟。

但是你要如何将真正有远见的专家与其他平庸之辈区分开来呢？你该怎样区分大趋势和赶时髦呢？我发现有些高管和政界人士急于预见未来，甚至跑去找占卜者。或许你以前听说过法国通灵人 Yaguel Didier？据说她的客户已经预约到六个月以后了（她说：“预见未来是一件很累人的事情。”）。恐怕在这件事上是没有盖革计数器可用的，但我们还是可以提出一些提示和建议。首先，最卓越的人会将深度与广度相结合，得到广阔的知识面，甚至更加广阔的信息量。我的母校芝加哥大学只有一个多世纪的历史，由约翰·戴维森·洛克菲勒（John D. Rock-efeller）一手创立，它声称——我认为它说的是对的——自己培养了史上最多的诺贝尔奖得主。为什么会这样？有些评论者说芝加哥大学——除了引导学生走上一条由东西海岸精英统治下的社会常规道路之外——同时还为怪才和不循规蹈矩的人提供了空间。广为人知的是，在第二次世界大战结束后，世界大部分地区曾经与国家社会主义有过短暂的亲密接触，但由米尔顿·弗里德曼（Milton Fried-man）及其学派培养出来的“芝加哥小子”很快就使得自由市场经济重返历史舞台，迅猛发展。但是芝加哥大学的影响并不仅仅局限于经济领域，同时也几乎扩散到世界上的所有领域和学科。

不知道你有没有听说过一句老话：“不必是天才？”但是有些时候我们的确需要天才来解决某些问题。你可能知道专业的运动员、作家和演员都有经纪人公司。几年前，世界上第一家天才经纪公司 Geniisis 成立了。这家公司是帕特里克·莱利（Patrick Riley）智慧的产物，他是加州技术公司高管和牛津大学奥里尔学院董事会的长期成员。有趣的是，你不能为了随便聊聊天而让莱利帮你雇一名天才或者组建一个天才团队。它的目的是为了解决某个特定的刁钻问题（通常是与商业相关的）而找到合适的智囊团——比如说，为了解决周期表上某些对新一代的消费性电子产品至关重要的特定稀有元素的短缺问题。这可不是纸上谈兵。

皮埃尔·瓦克（Pierre Wack）是壳牌公司的一名高管，我在本书最后一章中还将对他进行更多的描述。他被誉为现代“情景规划之父”，但同时他也有着广泛的兴趣爱好。在 20 世纪五六十年代，荷兰皇家壳牌公司是当时石油“七姐妹”（即世界最大的七家石油公司）中最小的“妹妹”。《福布斯》杂志称其为“丑妹妹",因为它不像其他几家领先的石油巨头那样坐拥丰富的石油储备,也没有与主要阿拉伯国家建立关系。所以壳牌必须另寻出路。与同类公司相比,壳牌更多地鼓励高管"……养兰花,指挥室内管弦乐队……一名总经理在任期出版了广受欢迎的尼日利亚和土耳其历史小故事"。整段精彩的故事并不仅限于这本书,而在于壳牌在创造性思维和应用性远见方面的改革实际上让它获得了实实在在的益处。20 世纪 70 年代初期,当能源危机和震荡来袭时,壳牌无论在思维还是运营上都要比它的竞争对手更有准备。到 20 世纪 70 年代末,壳牌已经不再是那个"丑妹妹"了,它在这一动荡时期逐渐壮大,转变成为"七姐妹"中的"大姐"。

已故加拿大未来主义者马歇尔·麦克卢汉(Marshall McLuhan)的主要观点包括"地球村"和"媒介即讯息"等,这些都是大家所熟知的。但是有谁还记得,他的奇异远见的一大关键之处是针对许多学科以及学科间领域的详尽研究?麦克卢汉出生在亚伯达大草原,他曾先后在加拿大和英国剑桥大学学习文学、哲学和神学,之后又沉溺于对文化和科技的研究,涉猎极为广泛。在 20 世纪六七十年代,麦克卢汉是当时世界上最著名的人物之一(同时也是加拿大的一位全民偶像)。但在那个嘈杂、迷幻的时代,这位伟大的先知依然维持自律和守旧的生活态度,住在依然正统的多伦多(据说反主流文化领袖蒂莫西·里瑞的某些妙语就是从麦克卢汉那里引用来的)。1962 年,麦克卢汉曾预言说:"作为一种研究和沟通的工具,计算机可以增强检索功能,废除庞大的图书馆组织,恢复个人的知识存储功能,通过一条私人检索路径,你可以快速检索到量身定制且实用的数据。"

这才是我心目中的远见。

▓ 发掘最杰出的人物与智囊中心

如果你想要接触到刚刚涌现的杰出人物,或者发掘世界上最主要的智囊中心,你必须意识到名声其实也是一项滞后的指标。原因之一在于,一旦一个人成名之后,他要说一些反直觉或者大胆的话就需要冒很大的风险。另一方面,那些想要成名的人也容易说一些疯狂的话,希望借此引人注目。诀窍在于,你必须要足够地兼收并蓄、眼光敏锐,把那些过气的平庸之辈跟真正有远见的杰出人物区分开来。至于名声的持久性，我们联想到了哈佛商学院新任院长、印度裔的尼汀·诺瑞亚（Nitin Nohria），他发起了MBA课程改革。在这个过程中，他邀请自己的朋友和哈佛商学院的教工去思考当下世界前十所大学是哪些，以及在一个世纪前又是哪几所。在部分参考了上海交通大学的排名和其他资源的基础上，我尝试给出了自己的两个列表：

世界大学前十名——2012（按字母排序）

美国加州理工学院

美国加州大学系统

英国剑桥大学

美国芝加哥大学

美国哈佛大学

美国麻省理工学院

英国牛津大学

美国普林斯顿大学

美国斯坦福大学

美国耶鲁大学

世界大学前十名——1912（字母顺序）

德国柏林大学

德国波恩大学

德国布雷斯劳大学

英国剑桥大学

德国哥廷根大学

德国哈雷大学

德国海德堡大学

德国耶拿大学

德国莱比锡大学

英国牛津大学

注意到有什么差别了吗？两个列表中都有牛津和剑桥，但其他的全部都变了。1912 年，可以说排名前十的大学中有八所都是德国的学校，而现在十所大学中有八所是美国学校。德国的大学怎么了？一百年前，德国人在科学领域拿诺贝尔奖拿到手软；当时德国的研究型大学是全世界羡慕的焦点；德国公司，比如化学领域的巴斯夫，也走在世界的前列。现在尽管巴斯夫依然是世界领先企业，但其他几项荣耀显然已不复存在（事实上，我前面提到的富有远见的巴斯夫前总裁贺斌杰正在努力发展其祖国的教育事业，但这是另一个故事了）。事实证明，纳粹的反犹运动和政治正确性对德国学术界造成了严重伤害——至少可以说是完全站在了开放性和包容性的对立面。战后学生数量激增，但大学资源却没有相应增加，这使得波恩和海德堡等大学失去了它们曾经辉煌的地位。与此同时，优秀的美国研究型大学却迅速脱颖而出。

同样，就连哈佛也不能自满。新的智囊中心正从意想不到的地方涌现出来，你应该在加入竞争前就注意到它们的存在。我记得太阳微系统公司（Sun Microsystems）当时的首席科学家约翰·盖奇（John Gage）曾对一些 CEO 说过，看着学院和大学的排名就像是看着夜空中的星星一样——你看到了光芒，但实际上这些光都来自于过去。他说，如果你想看到新的光芒，你就该看看现在是谁赢得了世界计算机编程比赛的冠军，诸如此类。你有听说过由 IBM 赞助的 ACM – ICPC 国际大学生程序设计大赛吗？最近的结果可能会让你感到吃惊。有些表现异乎寻常的杰出人才来自于（对我们而言）闻所未闻的一些中国院校以及波兰、俄罗斯、乌克兰，甚至白俄罗斯的大学和科技学院。其中，滑铁卢大学得了优秀奖，它称得上是加拿大的麻省理工。但你听说过彼尔姆国立大学（不是宾夕法尼亚州立大学，而是俄罗斯的彼尔姆国立大学），或者浙江大学吗？

还有其他的例子吗？以色列曾经的基布兹社会主义集体农庄非常有名，而现在以色列则有着众多引以为傲的科学家、企业家和新公司；位于以色列海法市的理工学院无论从哪个方面来看都称得上是一家新的麻省理工。以色列现在被称为"创业的国度"（这也是最近一本讲述以色列在科技领域的影响的新书的书名）是有原因的。自2005年以来，以色列的GDP便以超过34%的速率增长，而美国的增长率仅为6.4%。目前在纳斯达克上市的以色列公司数量已经超过了韩国、日本、新加坡、中国、印度以及欧洲的总和。

以波兰为例，在柏林墙倒塌之后，波兰因为太大又太贫穷，似乎很难快速发展，所以它看起来没有捷克共和国和匈牙利这些中欧邻国那样令人激动了。但是现在波兰广袤的地域、优越的地理位置和重要的影响力（4 000万人口）转变成了一种独特的优势，使波兰重新成为欧洲六大国之一（其他几国为英国、德国、法国、意大利和西班牙）。在近期惊心动魄的欧洲经济危机中，波兰是唯一一个躲过衰退而且还能维持强劲增长的欧洲国家。事实上，波兰正处于300年来经济增长、政治稳定、文化和科技创意层出不穷的最佳阶段。波兰大规模页岩气储备的发现已经吸引了不少关注，但位于热舒夫市内及其周边地区的航空谷的蓬勃发展却还没有多少人知道，这里自20世纪30年代以来就一直是航空业的一个前沿阵地。

在波兰有那么一对年轻风趣的权力夫妻，他们可以说与波兰日益扩大的竞争力和野心相匹配：他们是机智幽默、毕业于牛津大学的外交部部长（未来的总统候选人）拉多斯瓦夫·西科尔斯基（Radek Sikorski）和他的美国妻子安妮·艾普尔鲍曼（Anne Applebaum）。安妮是一位作家和记者，曾获普利策奖（安妮是一名犹太裔美国人的事实也从某些方面说明了波兰的现状）。波兰人开玩笑说，在过去的30年里，虽然我们的地理位置没有发生变化，但却从苏维埃统治下的东欧回到了中欧，现在又成了工作最勤奋、对财务负责的北欧国家了。

如果说金砖四国（BRIC）这个说法有些老套的话，那么CRAB（即加拿大、俄罗斯、澳大利亚、巴西）怎么样？这个词是由优秀投资经理人芮妮·豪格拉德（Renee Haugerud）创造的，她最早是私人控股的农业综合企业巨头嘉吉公司的一名谷物交易员。尽管这个新词并没有得到广泛的采用，但其背后的意义却颇为有趣。前三个国家——加拿大、俄罗斯和澳大利亚——人口相对较少（就其国土面积而言),，前两个国家还得益于北极圈的气候变化，享有世界上相当大一部分的自然资源以及新鲜水源（极度干燥的澳大利亚没有水源这一项）。第四个国家，即巴西的农业生产力和商业创造力已经发展到了令人惊叹的程度。考虑到其历史上长期以来令人失望的投资者与伙伴关系，巴西可能是所有国家中最与众不同的：你可能还不曾关注过巴西瓦加斯商学院，但它的确值得你的关注。

同时，越来越多的巴西企业，从巴西航空工业公司（Embraer）、伊塔乌银行（Bank Itaú）到布拉斯科石化集团（Braskem）和美洲饮料公司（AmBev），都具备了世界级的竞争力。总部位于欧洲的世界最大饮料公司百威英博（AB InBev）现在正由一支与巴西有着深厚渊源的精力充沛、富有干劲的管理团队指挥运营管理，该公司收购了美国标志性企业安海斯－布希（Anheuser－Busch）。廉价航空公司捷蓝航空（JetBlue）的创始人、巴西裔美国人（也是摩门教徒）大卫·尼尔曼（David Neeleman）又回到了巴西，现在他经营的巴西阿苏尔（Azul）航空公司（Azul 在葡萄牙语中是"蓝色"的意思）正在快速发展中。巴西的大型企业淡水河谷公司（Vale）是世界上最大的两家金属和矿业公司之一，并且在全球范围内建成了庞大的新型配送设施——从阿曼苏哈尔港到菲律宾苏比克湾（此前曾是美国海军的一个基地）。读到这里，你应该差不多可以看到早期那些大型贸易公司的影子了，其中包括英国和荷兰东印度公司。

正如加拿大思想家马歇尔·麦克卢汉（Marshall McLuhan）着重强调的那样，观点并不能替代对当下正在发生的事情的真正洞察力。所以搭一班飞机到圣保罗——或者其他你需要亲身体验的地方去吧。做点不一样的事情。尽可能扩大你的视角，拓宽视野，但同时要做一个有辨识力的"杂食主义者"。

第8章 将像素变成更清晰的图像

采用情景规划模式让更好的未来成为可能

情景规划是……旨在……在日新月异、日趋复杂和极端不确定的背景下预测未来。

——皮尔·瓦格（Pierre Wack），已故情景式思考的先驱、

荷兰皇家壳牌集团规划部总监

不要把西方世界排除在外——因为它是造就伦勃朗和不粘锅的文明。

——约瑟夫·约菲（Josef Joffe），德国汉堡《时代报》主编、

斯坦福大学胡佛研究所研究员

我们只有一个过去，一个现在，却有无限可能的未来。有一门艺术（也是一门科学）能学到如何思考和行动，让我们希望看到的未来成为可能。

"中午吃饭的时候我们在通用汽车未来展示馆见。"这是我在去参加 1964—1965 年纽约世博会时对我父母说的话，这是最后一场展示进步梦想的世博会。我承认它非常令人兴奋：从贝尔系统馆中展示的可视电话（早在 50 多年前就预言了 Skype 的诞生）到更多寻常的发明，如电动牙刷、信用卡、层压塑料等，那种对未来的期待非常具有感染力。门票价格是大人两美元，小孩一美元。世博会上的这些展品的背后是华特迪士尼的魔法，其中有一些之后被应用于建成十年的南加州迪士尼乐园——这里的明日世界（Tomorrowland）有单轨索道和快速交通工具，赞助公司包括环球航空公司（TWA）、孟山都公司（Mansanto）、美国汽车公司（American Motors）、富田石油公司（Richfield Oil）、荷兰男孩油漆公司（Dutch Boy Paint）和通用电气公司（GE）。这次世博会和迪士尼乐园都向我们展示了对未来的希望和设想的局限性。近几年来，迪士尼幻想工程师们很幽默地表示他们在 20 世纪 60 年代对太空时代的想法真是太落伍了；他们夸大了这种复古未来式的、科幻小说家儒勒·凡尔纳式的、"蒸汽朋克"式的虚构和怀旧的特征，戏称明日世界是"从未到来的未来"。

这就是未来主义的难题：它通常毫无根据，对现实生活亦无所助益，就像用低俗科幻小说来制定公司的战略一样。那么，我们还有什么选择？事实上，我和我的同事频繁使用两种主要方法来帮助我们的全球客户：情景规划和地平线扫描。它们不是关于预测未来的，而是了解目前的状况，这样机构就可以基于此来制定出可立刻付诸行动的不同的未来情景。非常重要的一点是这是一门真正的学问，拥有自己的知识体系，即使是相对被动的使用者也需要明白——自己动手制定情景规划就像是给自己做眼科手术一样（作为朋友，我是不会让你们成为业余的未来主义者的）。所以，为了你自己和贵组织考虑，至少要接受一些基础培训。很多大学和独立院校都设有此类速成班课程，但是其中最好的可能要数牛津大学的情景规划课程了。尽管牛津很晚才设立商学院，但它的确在未来规划领域开辟了一片新天地。该学院与我公司合作为客户提供定制的情景规划课程，同时也开设公开招生的课程（该学院甚至还为那些完成为期五天的情景规划课程的学员提供牛津校友的身份）。在这里我应该加一句，规划未来的工具远不止情景规划和地平线扫描，还包括建模/模拟（演习）、反溯和实际货币预测市场等相关学科。

　　情景规划最初是由荷兰皇家壳牌集团、兰德公司、哈德逊研究所和斯坦福研究院（之后更名为斯坦福国际研究院，我曾在此工作过 10 年）倡导的。众所周知，这门学科被称为情景规划，但是我觉得还有一个更贴切的说法，那就是基于情景的战略规划。这其中还包含了一些非常严谨的方法论，比如归纳、演绎、概率统计、直觉逻辑和因果层次等。值得注意的是，情景一词如今已被使用得非常随便（甚至草率），各人对这个词的理解各不相同。每年一次群星云集的戛纳电影节甚至也会颁发最佳情景奖（Scenarist）——尽管这个词可以表示场景或剧本的作者，但是在英语中更贴切的词应该是编剧（Screenwriter）。

　　情景规划从很多方面来说一直都是我个人职业生涯中的重点。从我在能源行业工作的时候开始，这门学科就在该领域受到广泛认同；我在斯坦福国际研究院工作的时候，这里是情景规划方法研究的前沿阵地。我在 2005 年写了《失衡的世界》一书。我在书中成功地预言了全球经济将经历一个动荡阶段——尽管这在当时看起来是不可能发生的事情。事实上，《失衡的世界》一书就是为了证明情景规划这门学科的价值，同时概述科尔尼公司开发的方法论与具体方法。应用这一方法论，我们从最根本的驱动力出发，而不是从流行趋势（本书还会对这一点做更多的讨论）来审视这个世界，抛开传统的、线性的预测，重新做出更加灵活且制约性更少的预测。我们当时就是基于这种方法论做出了七年后看起来颇有先见之明的预测。这可能看起来是"先见之明"，但实际上是建立在我的好友、伦敦经济学院教授约翰·格雷（John Gray）称之为通过"大胆假设、小心求证"的情景规划理解未来的工具基础之上的。

　　简单说来，情景规划是一种描绘可信的未来可能会发生的情景的方法，而不受当前普遍接受的假设限制。在科尔尼公司，对各种案例，我们都会建立模型模拟多种未来情景，模型的基础是我们认为能够促成改变的五种根本性驱动力：

- 全球化。

- 人口构成。

- 消费模式。

- 自然资源和环境。

- 监管和社会运动、科技作为影响其他驱动力的原动力和代表其他低概率高影响力事件的"外卡"。

规划过程中本身就会产生新的想法，使头脑灵活，增强对行动的感受力，同时也会创造更多可以抓住的未来可能性。牛津人喜欢称之为"思维里的金丝雀"，情景规划的角色就像金丝雀在煤矿开采中的作用一样：如果金丝雀开始行为异常（甚至死亡），就预示着即将发生变化或者危险，这是非常关键但微妙的征兆。

情景规划比起传统的预测有很多益处，它采用更全面且更灵活的方式来制定战略，可以作为早期的变化预警系统，揭示思维中的盲点和偏见。然而情景作为建立内部和外部一致性的沟通工具的作用却经常被忽略。共同开展过灵活的愿景预测的管理团队能够对顾客的需求和市场现状有更多的认识，也能更具警觉性，更加团结、目标更加明确。此外，情景规划也可作为通过对外沟通战略决策背景来驱动股东价值的工具（如我的一位同事经常说的，"和华尔街谈话"）。

需要强调的是对情景规划而言，过程比结果更重要。它是一个对未来可能性动态开发的过程，最佳做法是与需要应用情景规划作为当前和未来行动基础的领导者和决策者紧密合作。如果仅仅是凭空想象的情景预测，然后简单地传达给组织，那么恐怕就很难获得可以真正影响决策制定的"买进"（buy-in）及热情（"买进"一词是管理咨询中惯用的时髦术语，在情景规划中，更简单的说法可能是"相信"）。我们在牛津的朋友将他们开展的情景规划项目称为"干预"——制止组织当前的（通常不是错误的就是信息不足）方针路线，提供能指引未来的新型工具，重新确定发展方向。

这门学科对政府同样适用，新加坡共和国自独立以来可能称得上是采用情景思维制定公共政策最多的国家。想象一下，20世纪60年代，新加坡还只是一个环境脏乱差的小城邦，污秽不堪的码头，没有资源（也没有空调），还经历了一场严峻的动乱，新加坡没有能力走传统的增长之路——事实上他们也没有这样做。鉴于某些显而易见的原因，大多数情景规划的最佳案例都不是公共领域的，而且都是严格保密的：为了公司、政府和情报组织制定战略而开发的情景规划按定义都是高度机密的。

讽刺的是，在这类机密报告中，有一份较为广泛流传的报告——《国家情报评估》，即为每位即将就任（或连任）的美国总统提供以情景预测为基础的全球展望。这份由美国国家情报委员会编写的报告广为人知的原因，是因为报告的高层次的结果是向公众公开的，但是更深入（保密的）的解释和含义则由官方保留。

针对特定客户或者为了特定目的而开展的情景规划是最有用的。然而，综合的、全球的、宏观的情景规划也能为思考提供养料。荷兰皇家壳牌公司的网站上展示了他们对 2050 年能源环境的公开情景预测，于 2009 年发布，并于 2011 年更新。索尼公司发布了 2025 年的宏观情景预测——FutureScapes——其中有从高度创新的美好情景，到不那么美好的未来（甚至有些时候是反乌托邦的，《银翼杀手》式的），这些不同的未来情景被命名为"共享所有权"、"集中化生存"和"重新定义的繁荣"（对于一些不怎么美好的情景，在蒙大拿州有一个装满食物、生存主义风格的地堡或许是个不坏的准备）。就像《国家情报评估》一样，公开发布版本的深度和内容与私人保密版本多少有些不同。但是，这也体现了情景规划作为与外部利益相关者沟通工具的另一种重要作用。

另一个引发公众热议的情景规划案例是由瑞士联邦政府颁布的《2025 年展望》。瑞士联邦总理府发布了该国在 2025 年可能面对的四种外部环境的情景预测：全球一体化/地区一体化（全球化和流动性）；全球一体化/地区分裂（亚洲的复兴）；全球分裂/地区分裂（回归瑞士传统）；以及全球分裂/地区一体化（欧洲成为超级强权）。不出意外地，以上四种情景预测的象征性标志就是：一个地球、一条中国龙、一朵瑞士雪绒花，还有一块欧盟标志。当然我们可以讨论这些情景预测的可信度，但是看看瑞士伯尔尼的战略家们是如何看待阿尔卑斯外面的世界还是相当有趣的。

说到公司的例子，通用电气 2011 年年报中体现了非常有趣的情景思维。通用电气说他们关注四件事是：

- 中国（会继续增长吗?）
- 欧洲（应对经济不景气的方案）
- 美国（可能是个惊喜）

- 通货膨胀（外卡——为高通胀做好准备）

▧ 大胆假设，小心求证：情景思维的框架

情景规划学的永恒的阴和阳在于：让使用者（内部或外部客户、组织外部的利益相关者，或者决策个体）充分发挥想象力、拓宽思维；同时保持有据可循、合情合理之基础，从而确保情景的可用性和可实践性。保持合理的平衡是关键所在，同时也是有效干预和简单空想的区别所在。管理咨询顾问通常不会被比作艺术家，但是成功的情景规划就是找到艺术与科学的恰当结合，构建一系列可能的未来的愿景。

首先来谈谈情景规划的艺术。情景规划实践中的难点之一是在刚开始的时候说服参与者：我们并不是在预测未来。当你提出的某个情景在现实中确有发生的时候，总是令人欣慰的，就像我在《失衡的世界》一书中构建的"城堡与护城河"的情景一样。但我还是要强调，预测未来不能成为情景规划的首要目的（尽管我必须承认，近期在去新德里的途中，一位同事跟我说他最近又读了一遍我写的《失衡的世界》一书，他说他几乎不能相信我们如此成功地预见到了"阿拉伯之春"的发生）。但是当情景规划被迫变成了未来预测的时候，这些情景就会不可避免地受到规划者的偏见和经验的束缚，因而限制了可能性的范围。为了找到正确的答案，人们通常不愿走出他们的舒适区域，不愿面对不确定性。所有的依据都来源于过去，而过去也恰恰成为我们审视未来的唯一基础。在这种情况下，认知偏见和决策误区将大行其道，应用情景规划（而非传统预测）的基本理据将被颠覆。

造成这种结果的原因很容易理解。人类本性喜欢确定性，比起具有说服力的问题，公司管理层和董事会更容易接受确定的答案。在管理咨询中，这点尤其困难。面对未来棘手的、富有挑战性的问题，咨询顾问常常觉得自己有责任为客户提供唯一的、明确的答案，而不是一系列合理的选择方案。很明显，这里有一个舒适因素需要克服，但是好消息是，如果情景规划让你和你的客户感到别扭，那么说明你可能做得很出色。好的情景规划能够捕捉并包容不确定性，同时挑战传统智慧，即使面对规划者和客户的不适也能如此。就像我的好友、牛津大学的拉

斐尔·拉米雷兹（Rafael Ramirez）在谈论他自己的情景规划实践时，他会将大拇指和食指靠得很近地比画着说："如果你没有离被炒鱿鱼这么近的话，就说明你在情景规划中还没有尽全力。"

那些能引发思考、破除偏见而且引人入胜、充满想象力的情景预测和以情景为基础的战略制定工具有所不同，区别在于除了想象力之外的严谨且结构化的项目方法。这就是平衡艺术的科学部分。未来学家和科尔尼不定期的合作伙伴莱恩·马修斯称充满想象但毫无章法的情景规划为"思维的中餐"，其中包含了美国人对中餐的普遍误解，认为吃过中餐后几小时人就会感到饥饿（莱恩生活在密歇根，可能他的小区周围还没有高品质的四川或广东菜馆）。

所有情景规划都是从由外而内对商业环境（尽管我在讲情景规划时努力让它显得不那么学术性，但还是不得不提到现代情景规划奠基人之一凯斯·万·德·黑伊登（Kees van der Heijden），他将这种商业环境称为背景型环境）的审视开始的。为使其对客户和公司的意义更明确，应在情景规划中探索外力与公司直接商业环境（用黑伊登的话来说就是交易型环境）之间的互动性。但是从全世界角度出发的情景规划实践通常会导致工程浩大却一无所获，所以，一个完善的思考世界的框架是必不可少的。

我在本章前面曾提到过我们在科尔尼公司使用的五种根本性的驱动力框架，这是对全球趋势进行分类的一种方法。这里的核心思维是设立一个系统，在此系统的基础上将我们持续跟踪的趋势进行分类，因此加强了各种数据点在情景建设项目中的实用性和可用性。回忆一下，这五种根本性的驱动力包括：

● 全球化，或者说以人、物、资本、观念、交流的跨国界流动为特点的经济体系和文化领域内不断增加的互联性。

● 人口构成，其中我们不仅要关注当前及预计的人口数量增长和人均寿命数据，也要注意人类社会为了应对这些变化而不断做出的改变。

● 消费模式，其中包括消费者需求、态度和生活方式的改变以及公司如何应对这些改变。

● 自然资源与环境，其关注点毫无疑问是研究气候变化的影响，同时也包括了一系列资源的消耗和存储格局。

● 监管和社会运动，其中包括不同类型的政府所采取的公开行动（必须说明的是，这可以是以具体立法的形式或行政领域），也包括了补充、竞争和推动政府行为的社会及非政府组织的运动。

此外，我们还会考虑一些可能的外卡——由纳西姆·塔雷伯（Nassim Taleb）推广普及的高影响力、低概率的事件——及其对以上根本性驱动力所捕捉的发展趋势的影响。最后，科技带来的革命性影响力被认为是一大横向的超级驱动，可以加快以上每一个推动力的进展速度或者重新定位它们的前进方向。以上五种根本性的驱动力结合在一起，再加上外卡和革命性技术日益提升的影响力，构筑了一个连贯统一的数据组织架构，并基于此做出有说服力的对未来的描述。

当然，除此以外还有很多类似的体系（科尔尼公司的埃瑞克·彼得森也曾在著名的战略和国际事务研究中心工作时提出过被称之为"七次革命"的类似观点）。但是就我个人而言，我还是认为以上提到的五大驱动力的方法论更加突出，因为它是围绕全球商业环境中最具根本性的几大驱动因素展开的。关注根本指标而不是衍生指标是这一方法与其他方法论的关键区别。

一旦设定了理解和组织情景构建输入数据的体系，就可以选择正确构建情景的方法论了。我在这里介绍以下几种可供选择的情景构建方法论：

● 没有绝对的正确答案。可以用来构建情景的方法有几十种之多，但是没有一种方法堪称是可以解决未来所有问题的妙招。更确切地说，方法论的选择取决于未来情景干预的实际目的和真实情形。不同的方法论有着自己不同的成本要求和复杂度，所需的工作量也各不相同。确保选择的方法论适合特定的干预时限，让最终使用未来情景作为决策工具的领导者能真正明白情景制定的过程远比衡量某一未来学派优于另一学派重要。

● 未来情景的使用者必须尽可能参与情景开发的过程。牛津大学的拉斐尔·拉米雷兹推出一种1/3～2/3经验法则来指导情景规划实践。他认为情景规划者应该把1/3的时间用来开发实际情景，而剩余的2/3时间用来与客户的利益相关方进行互动，共同完成所有的情景规划工作，并利用他们的积极参与不断完善。

在情景规划实践中，我发现两种方法论特别管用（它们不同于其他更复杂的方法论，不需要高等数学或计算机科学学位），分别是归纳法和演绎法（稍后进

行详细介绍）。正如我所说的，并没有哪一种方法论比另一种好——它们分别适
用于特定的情况。这两种方法论的主要区别在于它们对于某一特殊干预的适当
性，具体来说就是预计可投入的时间以及参与度。如果时间很紧而且某位可能的
利益相关者的参与有限，那么我会偏向于选择演绎法。如果时间和精力充足，那么
我认为归纳法能够生成更有深度的未来情景。下文是对两种方法论的简要介绍：

在演绎式情景构建法中，首先将可用趋势（按照我们的方法，先用五大驱动
力方法进行过滤）削减到两种，然后再以这两种趋势为基础进行情景开发。实际
上，这种方法是将两大趋势在 2×2 矩阵图上标示出来，然后根据矩阵图演绎得
出情景预测的结果。也就是说在全球化、人口构成等所有全球趋势中，找出两个
作为情景规划的主要输入内容。那我们究竟该如何选定作为情景构建基础的正确
趋势呢？我们按照不确定性和影响力来排列不同的趋势，选出那些不确定性最高
且对组织影响力最大的趋势。

在确定了影响力高和不确定性大的两种趋势之后，我们还会与客户讨论出对
他们公司的未来而言最感兴趣或者说最关键的两种趋势，随后在这些趋势的基础
上创建未来情景。这两种被选出来的趋势将在 2×2 矩阵图上标示出来，矩阵图
中的每一个象限均构成对一种情景描述的基础。如图 8.1 所示，我们选择行业整
合度和创新水平两大因素，在此基础上构建全球科技零售业的未来情景。

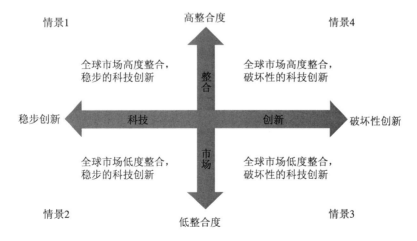

图 8.1   趋势矩阵图

　　未来情景（无论采用何种方法论）中通常会使用一些好记的名称，以便情景规划者讨论某个具体的未来愿景，这又回到了情景规划作为内部沟通工具的特殊价值。当听到两位情景规划参与者在研讨会完成几个月后进行的战略讨论中说："没错，但是在'Revolution'世界的那个项目究竟怎么了？"我们总会觉得非常有趣（同时非常有价值）。

　　演绎法的好处在于流程相当简单明了，因此创建的未来情景也非常直观。当然，确定矩阵图中的维度并达成共识的确需要费点时间，但一旦确定下来后，情景创建的流程就变得非常简洁易懂，能够加快采纳时间。另外，演绎式情景构建法的一个先天的缺陷是没有其他方法那么全面。

　　归纳式情景构建法并不仅仅关注两大趋势，而是通过对更多的（可能是无限的）趋势进行组合、逻辑排列，在此基础上进行情景构建。归纳式情景构建法本身不会限制纳入考虑范畴的趋势数量或数据点，尽管这些经常受到可行性原因的约束。在归纳的过程中会探究每一种趋势最合情合理的潜在结果以及它们之间常见的相互关系，依此作为情景构建的基础。合情合理的潜在结果也可能是关键所在——描述某种趋势发展的方法必须同时以坚实的数据（提供基础案例）和想象力（提供其他选项）为基础。但是请牢记，只有同时立足于研究和激发性思维基础上的未来情景才是真正有用的。在这个过程中必须进行合理性和一致性的检查，从而确保某一趋势的发展态势不会与另一趋势的发展相抵触。

　　这听起来很复杂吗？确实如此。项目团队可能需要几周的时间（在某些特别复杂的实践中甚至可能需要几个月的时间）来完成数据和趋势分析的工作。同时还需要与客户进行频繁的互动，从而确保客户了解并且与情景规划团队的思路保持一致，而且也能让客户有机会提出自己的见解。采用归纳法的流程耗时很长，但最后会生成一系列具有深度且非常丰富多彩的未来情景。我在本章开头曾提到过一些很著名的情景规划案例，比如《国家情报评估》和荷兰皇家壳牌公司发布的公开情景预测等，都采用归纳法来构建未来情景。

■ 反事实分析和其他未来思维模式

反事实分析与情景分析相关却不相同，从字面意思理解，它是可能发生但没有发生的事情。实际上，反事实分析就是把情景规划反过来用，采用情景分析的方法分析过去的事情。我们为什么会对此感兴趣？首先，我们都本能地对"假如……"这样的问题感兴趣，很多人可能在孩提时代就不断构建未来场景。而1931 年出版的畅销书《假如历史不是那样发生》（*If It Had Happened Otherwise*）引发了大家对反事实分析的真正兴趣，并把它视作真正的学科。这本书收录了当时很多知名人士的论文，推测了如果其中一项因素发生变化，历史又将如何上演。其中一篇是由温斯顿·丘吉尔（Winston Churchill）所著，当时丘吉尔已经离开政坛（他职业生涯的停滞期）。他在文中探讨了如果罗伯特·李将军当时没有输掉葛底斯堡战役，现在的世界会有什么不同？

现在你应该明白什么是反事实分析了。假如饥肠辘辘的艺术家阿道夫·希特勒当时被维也纳美术学院录取了结果会怎样（他申请了两次，但都被拒绝了）？假如子弹没有击中肯尼迪总统会怎么样？假如 20 世纪 80 年代米哈伊尔·戈尔巴乔夫（Mikhail Gorbachev）赢得苏联政权会怎么样？假如政府挽救了雷曼兄弟又会怎么样？从这一点来看，批评家认为反事实分析并不是一种探究方法，更像是一种供人消遣的室内游戏。

但是，这种分析方法对商业和政策领袖还是有用的。未来存在很多可能性，但是过去只有一种，这对于那些试图分析和扭转趋势和结局的人来说是一种明显的优势。出生于格拉斯哥的哈佛教授兼时事评论员（曾就读于牛津大学）尼尔·弗格森（Niall Ferguson）阐述了自己的观点，即对现在和未来的关键假设可以通过"反事实的问题"来测试——而且"没有发生的事情往往和已经发生的同样有趣"。他在《虚拟的历史》中提到，"当然，我们非常清楚时光不可能倒流，我们无法改变过去。但是这种反事实的想象是一种重要的学习方法。因为在做出去关于未来的决策时，人们通常考虑并权衡如果当时采取了其他的行动后果会如何，所以将过去行为产生的结果与可能采取的行动所带来的后果进行对比是非常有意义的"。

同样，1993 年，《经济学人》决定庆祝其 150 岁生日，回顾过去，展望未来，并邀请约 20 名杰出人对未来 150 年进行了畅想。编辑们当然不会把宝都押在一个人身上。他们说："实际上，所有预测都是基于对现在和不远的过去的观察，判断现在和过去的哪些趋势和特征最可能持续，哪些对未来的影响最大。"

《经济学人》的这一特别周年庆典已经过去 20 年了，那些预言现在怎么样了呢？实际上还不错，以下是部分预测（以及我的评论）：

• 世界政治将不断向瑞士直接民主制度靠拢——公民投票权、公民倡议权等（他们的预测是对的，但从加利福尼亚的经历来看，这真的是件好事吗）。

• 美国将更加疯狂地崇尚政治正确，诉讼和监管（已经得到证实）。

• 非洲将重新划定殖民时代确定的国界，既保护小国（如厄立特里亚）的利益，同时也促进区域的整合（姑且认为预测对了一半吧）。

• 种族和宗教的重要性将有所提高，而不会降低（预测对了）。

• 战争可能爆发（同上，很遗憾）。

• 教育将随着新技术的发展而转变（看你怎么说，但是这种转变比我们预想的可能要缓慢）。

• 资本主义可能播下自我毁灭或灾难的种子（这是一个相当有先见之明的预测）。

• 电视和电话及其制造企业都将过时（鉴于 1993 年以来我们对电视或电话的定义发生了巨大的变化，这一点的对错比较难以判断）。

• 医疗将向着以科技为依托的自我诊断方向发展，同时对道德的担忧将不断增加，陷入伦理困境（完全正确）。

科尔尼不像《经济学人》那样拥有 150 年的历史。在进行 MBO 时，科尔尼很大程度上同时是一个创业公司和一个被 86 年历史鼓舞和负担着的公司。我们也像《经济学人》一样回顾了历史，希望能从中得到超前的启发。虽然我们的许多合伙人希望先行动后反思，但我提醒他们暂停一下。2006 年，公司在戛纳召开了 MBO 后的第一次全球合伙人会议。会议以"稳固根基，着眼未来"为主题，是对根植于公司历史、价值观和文化 DNA 中的愿景的扩展（扩展计划）。

这种周年反思活动恰好引出了我的下一个观点：除情景构建法以外，我和同事还运用水平扫描法。我个人更喜欢称之为超水平扫描（over-the-horizon scanning）。传统的做法是收集整合专家意见并努力得出统一的专家建议，而我们的方法在很多方面恰好相反。我们刻意寻找一些非传统观点、特立独行的思想家以及从非常规来源获得的未经过滤的原始信息——其中部分信息可能也会用于情景规划的过程。在这里，你需要成为一个知识的杂食者，汲取各种不同的思想和信息。之前我已经建议，你应该经常坐上飞机，用自己的方法观察地面的事物——远离你的正常舒适区。与之相反的是陈腐的思想，它将导致不作为或采取过时（无效）的战术。个人和组织都应以非常规的方式进行思考，才能以新的方式果断行动，解决新的世界现实问题和不断变化的需求。你可以再仔细想一想我在书中多次提到的决策陷阱。

实际货币预测市场目前仍处在萌芽时期，但是它们可以提供一些关于有效新型未来预测工具的有趣暗示。曾大肆宣扬的爱荷华电子市场（Iowa Electronic Markets）经营了几个在线期货市场，根据现实世界发生的事件签订收益合同，比如政治结果等；举个例子，在美国四年一度的总统选举市场，收益取决于大选中的选民投票情况。据说，过去的市场交易比政治性民意测验能更好地展示事物的发展状况（和最终结果），学术界还就这一说法的正确性及其原因进行了激烈的辩论。我觉得这可能是因为从事贸易的市场参与者才具有真正的洞察力和坚持自己信念（掏钱）的勇气，而不是那些随机抽选的民众。爱荷华电子市场的运营目的是研究和教学，有助于他们避开美国在网络赌博和未受监管的期货市场方面的限制。现在，在爱尔兰出现了一家与之竞争的营利性公司 Intrade，该公司位于都柏林附近，可以进行合法赌博和未经监管的期货交易。21 世纪初期，美国国防部的规划人员曾短暂地考虑过启动事件预测市场，借此预防恐怖事件和暗杀行动，并希望能够提供新的重要情报流。然而，这一想法却遭到了否决，当然，这不仅是因为这一想法扭曲了对市场参与者的激励。媒体认为，目前为止，国防部的策略师跳出了固有的思维模式，他们选择了考虑可能有点疯狂的方案。

仍然有一些其他策略师试图从周期理论的角度看待未来。你是相信股票市场技术分析师，还是偶尔也读一些有关康德拉捷夫长波的书呢？就我个人而言，如果在理解过去和现在状况的情况下假设模式是无限重复的，那么这种理解就不可信，即使其中一个周期确实如此。这个周期就是商业周期，它在上一次经济繁荣期就已过早地宣布死亡。很明显，在高峰时期，很多企业和个人都会出现过度投资、过度消费或夸大事物的情况，容易导致膨胀和投机情绪，而在经济衰退时期则可能出现过度的消极情绪——这两方面情绪的夸大增加了经济的波动性。

出生于斯里兰卡的加拿大籍金融家克里斯托弗·翁达杰爵士（Sir Christopher Ondaatje）指出，如果你想找到一些有关周期理论的严肃且有趣的东西，你最好不要看约翰·格拉伯爵士（Sir John Glubb）1976 年出版的关于伟大国家、帝国及文明命运的作品。格拉伯·帕夏（人们习惯这样称呼约翰·格拉伯，这来源于他在阿拉伯军团中的领导职位）认为这类实体从起源时的生机勃勃到最后的毁灭一般会持续 250 年左右。

克里斯托弗·翁达杰爵士指出并解释，格拉伯确定了一个生命周期，从先锋时代（推崇主动、进取、勇气和侵略）开始，经历了征服的时代和商务时代，进而"不可避免地迎来了"富足的时代（"忙于保护……财富和奢侈品"）；接下来是智慧时代（"没完没了的讨论和辩论"），最后是堕落的时代（"特点是玩世不恭和轻浮"——"这个时代的英雄是运动员、歌手和演员"）。我得承认，其实你不用为了在格拉伯的分析中找到有用的东西就相信他的周期性概念。

格拉伯从完整的 250 年时间间隔出发考虑问题。其实，时间范围的确非常重要：不久前我和一位在华尔街工作的朋友谈论 2015 年的商业环境，但是整个过程中我们谈论的都是过去。我是想谈 2015 年的，但一贯使用 24 小时制的他却一直无法从当晚 8：15 金融市场的阴霾情绪中跳出来。

▧ 预测未来，了解当下

情景规划重新崛起，再次成为商业领袖探索全球变化复杂驱动因素及其对企业启示的关键工具。值得骄傲的是，我们科尔尼人走在了他们前面。对于我们来说，情景规划并不新奇，我们对它已经非常熟悉。实际上，我们应用情景规划已经有 20 年的历史了，帮助客户探索可能影响未来商业环境的全球趋势。情景规划的众多好处之一是拓宽个人和单位的视野，提高他们想象未来的能力。

以下是我们近期为科尔尼内部合伙人会议制作的情景描述。和其他情景规划一样，我们的目的不是预测未来，而是希望提出引人入胜的未来故事（我们在牛津大学的朋友喜欢这样说），作为活跃谈论和战略思考的出发点。科尔尼全球商业政策咨询委员会的常务董事 Erik Peterson 是一个睿智且经验丰富的人。在加入科尔尼之前，Erik 曾在战略与国际研究中心（CSIS）和基辛格顾问公司（Kissinger Associates）工作过。他创建了四个情景，分别命名为：Top Gear（乐观情景，但可能不切实际）、Terminus（悲观情景）、Flatline（基础情景）、Control – Alt – Delete（重启情景）。

乐观情景（Top Gear）

在乐观情景中，全球各地的经济管理部门都努力做出正确的事情。

他们相互合作以刺激增长、减少债务、支持金融机构发展、增强竞争优势。这种全球性转变所波及的地理范围之广让人震惊。在美国，领导人终于成功摒弃长期使政策流程瘫痪的党派偏见。顷刻间，经济增长得以恢复、债务负担也有所减缓。房地产市场复苏、失业率持续下降、投资反弹，重振了消费者和市场信心。2015 年，经济终于恢复了 3% 的增长率。

2014 年，欧盟主要国家做出了历史性的承诺。经历了 2011—2012 年的巨大波动后，欧盟大幅扩大欧元区的稳定框架，以换取边缘经济体深远而持久的让步权。新的预算控制和财政机制解决了困扰欧元区多时的连锁债务与金融危机。中国提供的支持也帮助欧洲经济实现好转。2015 年，新的体系将使整个欧盟地区恢复经济活力。2015—2025 年，欧盟地区的总经济增长率将超过 2.5%。经济的复苏将重振整合势头。

中国方面也将启动一轮重点国内转型，调节过快的经济增长速度。通过努力，中国成功扩大了内需、减少了国际收支盈余、推动国家走出了低成本制造国的收入陷阱。虽然"十三五规划"和"十四五规划"仍将强调推动经济持续发展、解决收入差距的必要性，但中国已经开始策划软着陆，保持 7% 左右的适度经济增长。人民币对其他主要货币汇率也将更加切合实际。

日本在经历了多年的经济疲软之后，领导层终于强有力地清除了失败的企业司、消灭了剩余的经济泡沫，最终成功恢复了增长。而印度则成功解决了基础设施建设需求、扫除了官僚主义障碍，比 21 世纪初的增长势头更加强劲。印度的经济腾飞得益于持续的政策改革、基础设施现代化及劳动力整体教育水平的提高。

能源发展趋势加速了经济复苏的步伐。新矿物燃料的发现、非常规天然气的快速发展、需求方面效率的提高、替代性技术的不断创新等都表明能源行业成本将下降、稳定性将提高。

全球的经济活力将延伸至非洲、拉丁美洲和中东地区。这些地区将继续完成2011 年阿拉伯之春运动所触发的政治和社会重新定义。

世界主要经济体发生的这些巨大转变将使全球产出增长远远超过 5%。这意味着人们生活更加美好、社会更加繁荣、中产阶级规模不断扩大、世界也将面临更多的机遇。以上可能发生的事件中每一件都意义重大，而把他们集合在一起就是我们所谓的"乐观情景（Top Gear）"——即明星国家的联盟，这种联盟将恢复世界范围内的经济增长和繁荣。

悲观情景（Terminus）

在悲观情景下，所有的事情都是分散的。

经济和金融长期处于动荡状态，全球增长也非常低迷。在这样的背景下，政府已经无力继续维持塑造过去几十年的经济和商业环境的全球化进程。不管经济和金融逻辑多么有说服力，仍无法克服拖延和顽抗的政治风气。2011 年，希腊帕潘德里欧政府垮台，导致欧元区边缘经济体和主要经济体政府接连失灵。

一个个政治人物将被推下台。

取代他们的是一群敢于和善于对紧缩和改革说不的领导人，但他们没有其他可行的观点。两个边缘国家的违约使欧洲地区陷入骚乱。这种分裂将加剧失业率和混乱局面。雅典、罗马、马德里和法兰克福等地的抗议活动破坏性与日俱增。

美国的情况稍有不同。受日益高筑的债务所累，美国国会在新当选的政治极端主义者的强迫下公然通过了贸易保护主义立法。这些行为致使欧盟和中国政府采取了报复性政策。贸易量陡然下滑，对掠夺性和非法贸易行为的辩解却越来越多。美国的国际金融和经济评级再次下调。政府时而提倡孤立主义，时而又提倡积极参与，表明美国已经进入螺旋式下跌通道。

经济下滑趋势一旦确定，往往会对社会产生爆炸性的影响。民粹主义将日益猖獗。在美国和欧洲，始于 2011 年的占领运动都愈演愈烈，这些示威游行的发展速度也越来越快。虽然这些骚乱发生在不同的地区，使用不同的语言，但它们所传达的信息都是相同的："我们是那 99%。"各地游行活动的聚焦点在于表达对不平等、贪婪、缺少机会、剥夺公众选举权利的不满。为应对高启的失业率，公众注意的中心转移到了移民身上，认为这些外来移民抢走了本国人的就业机会。"夺回我们的国家"成为很多国家极端主义政治党派和团体的政治口号。

全球经济长期畏缩不前，增长率几乎为零。全球化进程放缓，各国都全神贯注于经济安全，认为这是一种防止与外国纠缠的方法。对全球资源的争夺使世界几个最大的经济体陷入冲突。资源地缘政治时代已全面到来。

正如我们所知，悲观情景是全球化的终结。在这样的情况下会出现一系列的防御性和内向型的国家政策。

基础情景（Flatline）

在 Flatline 情景中，各国领导人无法带领各自的国家走出 2011—2012 年的经济衰退，致使经济长时间处于严重疲软状态。2015—2025 年，世界经济趋势增长率将下滑至 2.5%。和之前 4.1% 的趋势增长率相比，预计 2025 年的经济产出将达到 28.2 万亿美元。

美国试图连接主流政治哲学的努力都付诸东流，功亏一篑。2012 年总统大选之后的尖锐党派之争进一步降低了民众的信心和对政府的信任。国家仍然面临失业率居高不下、房地产行业困境重重、企业和消费者信息低迷、政治瘫痪等经济难题，这些因素加在一起，会使人们丧失对经济复苏的信心。另外，受政治因素推动的婴儿潮时期出生的人相继退休，不断攀升的医疗和退休成本、退化的基础设施、失调的教育体系等使国家竞争力下降。接下来将遇到一系列的经济和商业困境。2018 年，公共债务规模将达到 GDP 的 100%，而 GDP 增长将盘桓在 1% 的低位。

欧洲的情况也不再鼓舞人心。欧洲各国已无法对接连不断且日益严峻的债务危机做出持久的结构性响应。欧洲政治领导人不去探索大胆的解决方案，而是像美国领导人一样，一味地拖延决策和行动。这样将使欧洲长期面临不稳定性高涨、增长缓慢的局面。欧元区的增长速度将保持在1%左右，低于平均水平，最终引起欧洲发展的间断和不平衡，使欧洲走到整合的极限。尤其是德国，它的转移支付联盟将受到更多来自公众的强烈反对。

在俄罗斯，同样存在这样的问题。虽然受到石油天然气出口收入的鼓舞，但俄罗斯仍然间或做出努力，试图通过发展研发和创新能力避开自然资源的诅咒。日本2011—2012年的重建计划虽然带动了少许增长，但根本性问题仍然没有得到解决。结果，日本政府还是无法重启增长引擎。

受阿拉伯之春运动的影响，中东地区将经历一段长期的政治和经济动荡。虽然该地区主要国家有能力颠覆他们不想要的政权，但仍不能就未来目标达成一致。

基础情景（Flatline）展现了全球主要国家领导层同时失败的情景。在这一情景下，充斥着延迟行动、领导力匮乏、作茧自缚等现象和高度不确定的商业环境。

重启情景（Control – Alt – Delete）

在重启情景下，情况首先变得更加糟糕，继而再逐渐好转。

虽然人口老龄化、竞争力丧失和社会裂缝的加剧制约了经济发展，美国和欧洲在2018年将迎来政治和经济的关键转折点。

在这之前，欧洲经济将经历二次衰退：政治反抗进一步加剧、地缘政治环境威胁增多、社会动荡日益严峻。动乱事件将从欧洲开始，因为这里的政治领导人无法继续应对所面临的挑战。部分占领运动诉诸暴力，导致欧洲各城市骚乱爆发。这些游行的原因多种多样，年轻人为了寻求代际平等、移民为了争取权利，而欧盟成员则是因为受到历史最高失业率的排挤。

美国的情况也差不多。领导人仍受一系列问题的困扰，如居高不下的失业率、竞争力下降、对政府的极度不信任等。2012年，越来越多的声音号召民族主义者出面应对国家的深入问题。游行示威越来越猖獗。社交网络和快闪行动滋长了大西洋两岸的游行示威活动。

面对不断恶化的经济、社会和地缘政治前景，西方国家领导人将设法奋起应对挑战。2018 年将成为全球复兴的转折点——重启（Control – Alt – Delete）。标志着美国和欧洲各自路径的根本转变。

到那时，美国领导人将能够找到共同点。他们将调整联邦预算体系，开展教育、医疗和基础设施重大改革，实施大胆计划以减少国家债务。消费者和市场信息得以重振，最终推动经济增长的复苏。

欧洲也将恢复发展势头。鉴于欧盟核心国和边缘国的历史性承诺，欧洲经济和金融稳定性得以显著增强。很多新一代的政党通过平等、财政责任和可持续经济发展等平台赢得执政机会。各国和欧盟重启了议事日程，解释了这种核心态度的转变。随之而来的便是欧洲政治和经济重新界定的开始。

美国和欧洲的好转加强了其他国家的积极转变，它们大多得益于贸易量和投资量的回升。全球经济增长也将攀升至 5% 的水平。

重启情景（Control – Alt – Delete）展现的是走出危机边缘，最后实现美好结果的情景。

■ 振作精神，抓住全球机遇

如果你从头看到这里，你应该已经明白世界很多方面都变得非常混乱——速度越来越快、困难越来越多、越来越复杂。但对于那些准备重新找到出路的人来说，这个世界仍然充满机遇（和希望）。一些远见卓识的企业家和创新者已经开始在自己做的所有事情中引入简单和愉悦的理念，减少材料和能源的使用（将越来越高的内部复杂性隐藏起来，不去看，不去想）。新技术和新信息字节长度的迅速发展——有时也包括使我们感到信息过量或疲惫的事物——能够帮助我们区分哪些信息是有价值的，哪些是没有价值的。

我在前面已经提出过（我已经接受了教训），我们在前进的时候都需要尽量谨慎，避免两种极端行为，一种是观望、不作为；另一种是疯狂地采取过多行动。为了找到创新的方式，我们需要时不时地停下来，理清思路和战略，反省自己的假设（特别是那些恰巧与当前人们的从众心理重合的假设）。另外，我们还需要变成杂食动物：丰富信息来源，走出去亲身体验世界，发现不同寻常的新兴人群、思想、场所、产品或服务。毋庸置疑，在现在这样一个信任缺失的时代，人际关系和核心价值比任何时候都更加重要。所以永远不要将单纯的联系和交易关系与真实的关系混为一谈——虽然现在很多持久的关系都是从联系人或交易对手开始的。

那么该到行动起来的时候了。带上明确的思想、激情和信念，你我便可以抓住新的机遇，不用等待数据全部完善。对于这点，真正有帮助的是学习进行基于情景的思考，因为从本质上说，我们都渴望准确的预测（确定感）。情景思考让我们看到了许多以前从未想过的可能性，迫使我们对常见资料保持怀疑的精神。把这些方法集合起来，便能为有原则的果断行为提供基础，创造持久的价值——这就是你战胜全球危机，抓住全球机遇的方法。

结　语

新的篇章

在担任科尔尼公司董事长兼执行总裁的六年时间里，我有幸领导公司完成了转型。这主要依靠两方面：一是找到了新的增长和价值来源突破口；二是重申了公司已故创始人汤姆·科尔尼 86 年前提出的坚定原则。汤姆是管理咨询行业的先驱之一。20 世纪 20 年代后期，汤姆和詹姆斯·麦肯锡（"Mac"）成为商业合伙人——科尔尼在芝加哥，"Mac"在纽约。曾经有一段时间，他们的公司叫作麦肯锡科尔尼公司（McKinsey, Kearney & Co.）。但"Mac"过世后，汤姆的芝加哥办公室独立成为科尔尼公司（A. T. Kearney）。几十年来，公司实现了稳健的增长，连续几代的合伙人拥护并传承"科尔尼"所特有的价值观。

1995—2006 年早期，科尔尼公司由 EDS 持有。在那段时期的最后几年时间里，公司经历了一段艰难的时光。科尔尼的业绩大幅下滑，面临失去认同感的风险。在这种情况下，我们合伙人勇敢地买回了如履薄冰的公司，呵护她健康成长，甚至在当年就还清了债务。买断后不久，公司的合伙人就选举我担任现在的职务。

谨记公司这段重要（也非常鼓舞人心）的历史，我带领公司合伙人和员工以价值创造为核心，不断激发他们的敬业精神和领导力，使我们用前瞻性的思维，交付令客户和股东满意的成果，从而取得了成功。由外而内来看基本上是这样的：利用所有的情景规划工具判断变化的迹象，并对其进行适当管理，最终更好地确定并满足客户和同事的需求。

正如我前面提到的，要扭转公司的局面有时（即使是早期）需要做出艰难的决定：其中包括辞退公司一些业绩最好的员工，这些员工虽然实现了外在的成功，但他们对公司的价值观和标准的拥护不够。尽管我接到了很多相反的建议，让我辞退那些反复重申公司文化、传统和价值观的人。很快，这些同事被压抑的能量就被释放了出来。他们再度将自己全身心地投入到公司当中，相信公司已经再次确定了其独特的价值观和文化。

尽管近年来我们经历了深度衰退，但我们仍然反对批量裁员。当然，在艰难时期大幅裁员是必不可少的标准程序，已经为大家广泛接受。但在我看来，这虽然能在短期内提高公司的利润，但却是以牺牲长期竞争地位为代价的。正如我的一位朋友经常说的那样，"通往伟大的旅程没有捷径"。

事实上，通过我们在经济衰退期的扩张及对新业务、新的专项领域及人才发展上的不断投入，我们实现了规模及利润的均衡增长。运用这样的前瞻性和以价值观为基础的领导风格，我们带领公司实现了两位数的增长，极大地提高了员工的敬业度，促进了品牌的复兴。

公司在大萧条（顺便说一下，正是在那个时代，科尔尼最初成为管理咨询界的先驱）以来的最差市场环境下实现了增长。事实上，2006年管理层买断时公司的办事处为46个，分布在30个国家，现在公司的办事处已经达到59个，遍布39个国家。公司现在发展势头强劲、雄心壮志与日俱增。

所有这一切都通过践行本书中的理论而成为可能。我们严格遵循公正、前瞻性的领导方式，以价值观为导向的协作和包容文化为基础。我们的行动以各种广泛的关系为基础，这些关系能够带来立竿见影的影响，推动客户和同事优势的提高。这些行动的每个步骤都符合多数利益相关方的最佳利益，这些利益相关方受我们各种决策的影响——包括商业的、政治的和个人的。

随着我逐步卸下现在的董事长兼执行总裁的职位，我将步入人生的下一个旅程。到那时我准备找到新的方法来编织我的三段人生旅程——神职（神学院）、政策（政府部门——联合国、美国参议院和海外发展协会）和商业（Mobil，SRI国际和科尔尼），从而用智慧、洞察力和启发性指引我未来的目标和行动。带领科尔尼完成转型后，我停下来吸取其精华，并将怀着全新的激情和可能性展望公司的未来。希望我的这些个人经历可以对你有些许帮助，创造具有远见、激情和目标感的未来。

本书最后一章描绘了未来世界的四种可能性，就像坐过山车一样。事实也确实是这样的：人类未来确实是从灰暗走向光明——或者引用最后一张的术语，从"悲观情景（Terminum）"到"乐观情景（Top Gear）"。

如果你想知道怎样才能创造更加光明、全球繁荣的未来，那么你就找到了本书的主题：道德（你也可以说是精神方面）往往和商业存在一定的联系。一般情况下，把事情做好的方法就是在向目标前进的途中做一些好事。实际上，我认为如果世界经济和政治的进步能像乐观情景中展望的那样，那么道德也会随之进步。

例如，乐观情景设想欧洲各国通过合作扩大稳定框架。这种设想的确会有所帮助，因为根据现在主流的观点，如果欧盟能够保持经济的一体化，它的政治一体化也将随之有所提高。

但为了实现这种局面，欧洲各国必须利用其本性中更美好的一面，克制原始民族主义的宗族冲动，努力站在别人的角度看待问题。比如，德国人需要站在爱尔兰或西班牙人的角度，反之亦然。这种"换位思考"一般对解决多方问题、实现双赢和价值创造非常重要。至于欧洲一体化，因为涉及克服人性中根深蒂固的阻碍，所以将面临巨大的挑战。

例如，欧洲富国和穷国之间合作时必须克服相互之间的不满情绪——富国对需要帮助的穷国（"寄生虫"）不满，而穷国对提供援助的富国的势力（即附加条件）表示不满。要克服这些自然的不满需要付出切实的努力，要从另一方的角度看待问题，理解产生摩擦的政策的出发点。

我喜欢把这种视野的扩展称为"道德的想象"。这不只是因为我觉得从别人的角度思考问题大有裨益，而且因为这样做常常可以得到好的结果、双赢解决方案。在欧洲，要想进行乐观情景分析需要人们跨越国界、语言、种族和阶层，提高其道德想象力。很明显，欧洲历史充满了你输我赢的博弈，也有很多以两败俱伤的结局。也曾一度出现强取豪夺土地的现象和互相残杀的漫长战争。但值得庆幸的是，在当前各国经济相互依赖的情况下，不可能让人类的好战性达到从前那样的水平。但尽管如此，在达成成功面对今天的连环危机所需的相互理解之前，我们还有很长的路要走。

不仅这些经济政策的重大规定会融入道德层面的考量，现代管理人员在日常事务中也是这样。开展跨越国界的高水平商业合作会涉及文化交流，视野从而会系统性地拓宽。你在和"另一方"（和你处于不同社会环境中的人）进行博弈的时候，如果能够得到双赢的结果，你可能会发现另一方的观点有更加令人赞赏之处。如果这样做了，你实际上至少在一定程度上强化了全球社会结构。

展开道德想象力不但是创造光明未来的先决条件，同时也是罗德侠在书中分享建议所产生的附带结果，给我们带来了惊喜。他建议：改变你的信息获取方法，到外面去亲身体验世界，为自己寻找非凡的人物、思想，引人注目的地方、产品和服务。如果你不跨越文化、国界、语言甚至阶层，你就无法真正做到以上这一点。

罗德侠还提醒我们不要把所有的商业关系都局限在交易关系上。真正的关系和一般的关联正好相反，"在这一信任缺失的时代，它变得比任何时候都更加重要"。这是一个非常实用的好建议，但是如果做实事就意味着做符合道德的事，甚至精神上的事，那就是另外一种情况了。如果你能建立跨文化、国界或社会经济界限的持久关系，那么可以说你是在履行上帝的使命。

本书特别强调了把握大局的重要性——后退一步，看一看更多相互作用的力量，特别是更高复杂性和更高连接性之间的相互作用。本书将所提倡的观点付诸实践，比如在把握全局这一点上：通过后退一步掌握了全局。本着本书的精神，我想谈得更具体一点。关于这一复杂、相互联系的世界的根源到底可以追溯到何时，我想分享一些我自己的观点。

我们可以把全球化的社会简单地看作原始社会的自然发展结果。从石器时代开始，人们就开始发明东西——轮子、书写、货币等——扩大了社会组织的潜在范围。

更抽象点说：这些发明使人们可以和更远处的更多人展开博弈，双方都赢或者双方都输。这种信息的必然增长、交通及其他技术的发展是社会组织不断扩大、不断复杂化的主要驱动因素——从由狩猎者—采集者组成的小群体到由多个村子组成的部落，再到城邦，到国家。

这种不断扩大的社会结构带来了道德上的进步——使人们扩大自己对社区的定义，接受更多不同的人。曾经有一段时期，希腊某个城邦的公民可能被认为是另一个希腊城邦的次等公民。随着社会组织不断扩大，涵盖了希腊更广阔的领土，所有希腊人都是平等的公民这一思想开始生根发芽。

当然，这个观点不能完全体现道德文明。据普鲁塔克（Plutarch）说，亚里士多德建议亚历山大大帝把所有希腊人看作人类对待，把希腊以外的人"都看作草木或动物"。那时距现在的文明确实还很遥远。今天，在四海为一家的世界里，所有的人都是平等的人类，无论种族、国籍、宗教信仰、性别，都充分享有人权，这一点是不言而喻的。

另外，国际性强的大都市往往也是经济较发达的城市，我认为这并非巧合。因为把事情做好（doing well）和做好事（doing good）之间的确存在一定的联系。在这个经济相互依赖的世界，除不礼貌外，不宽容也是经营不利的一个原因。

我相信正因为我们现在所处的人类宇宙旅程，把事情做好和做好事之间的联系在今天将尤为关键。社会演进的轨道——从群居到部落，再到国家——已将我们推向了全球化社会的边缘，也仅仅是边缘。我们所谓的"全球社会"并不具备常常与"社会"一词相联系的秩序和稳定。而想要实现那种一贯的稳定性几乎是不可能的。

就像历史告诉我们的一样，整个人类文明一直处于反复崩塌的轨迹。当然，从长期看来，最终复兴的文明将超过崩塌前的水平。这并不能给多年甚至几十年一直处于贫穷、混乱和/或杀戮中的人们带来些许安慰。书中所说的四个情景——从乐观情景到背光情景——全都应该认真对待。

如何才能避免悲观情景的发生呢？我认为有两点。首先是从政策层面。欧盟面临的挑战从某种意义上说其实是世界所面临挑战的缩影。这些问题只是一些特殊的情况，公共政策的效力需要跨越国家，解决众多国家所面临复杂问题。而在某些情况下这种形势已经开始了。世界贸易组织在解决贸易纠纷、防止贸易保护方面的工作做得其实还说得过去。而在其他方面的进步却很少甚至没有。例如，如果能够有一条成功阻止网络攻击的国际条约将会是件非常好的事情。同样，一个具有有效实施手段的生物武器方面的公约也是。

历史可以证明这一点。商业界往往能通过各种方式使世界成为其自身发展的安全地。在中世纪晚期，德国各城市的商人联合起来成立了汉萨联盟，以便能够镇压海盗、建设灯塔。差不多在相同的时期，欧洲各国国王从地方王族手中攫取权力，为建设单一民族国家铺平道路——并以早期资本主义制度的代表行事。在此之前，各地方王族的监管冲突已经阻碍了贸易。这些王族之间一直你争我夺，甚至出现了抢劫现象，使贸易限于危险的边缘。崛起的中产阶级商人欣然向处于统治地位的国王纳税，以换取和平与秩序。

不管以上哪种情况，商业的自我保护趋势都会将治理推向更高的组织层次——从本土到地区。这是因为更高一层的商业健康受到了威胁。也许我们可以期许今天的资本主义国家（全世界范围内的，不仅欧盟地区）能做出类似的举动。

如果将过去1万年的历史拍成一个10分钟的短片，那世界历史看上去就是一张膨胀的经济互动网，其中不断扩大的社会组织和治理领域成为必要。如果仔细观察这一社会结构，你就会明白罗德侠书在书中谈及的两个准确、睿智的主题：即日益增长的复杂性和连接性。

当然，复杂性和连接性之间也是相互联系的。社会复杂性的日益增长也包括我们与越来越多的人联系。这既是福也是祸。说它是福，指的是它是有效的方法之一：通过互联网我们可以和众多形形色色的人联系，相比50多年前，我们能够参与更多博弈游戏，参与组织更多的商业活动，创造更多的财富。但另一方面，我们现在的一般联系和50多年前相比更加表面化；我们发现自己只在交易需要的时候才与人们展开必要的互动，而永远都不会了解对方整个人。

罗德侠提出，虽然我们不得不利用新科技所带来的高效性，但我们不能迷失其中。有时候我们必须坚持把一维的关系转为三维关系。我们不应该单纯把人看作由全人类组成的"社会脑"中的一个节点，而应该把他们当作真正的人来看。我们必须时不时地从用我们工作中最狭隘的实用主义概念编制的信息茧房里走出来。

这一点对我来说非常有意义。如果我们用全部时间像毫无感情的有效信息处理器一样工作，或者像快速增长的全球大脑神经元一样，那么我们终将无法停下来看一看我们共同建造的大脑。如果我们想要掌握自己所处的系统，而非被系统所控制，有时候我们必须从系统中走出来，有时甚至需要违背它的规则。这是一个好的实用建议，恰巧又能丰富我们的人类道德文明。

罗伯特·赖特（Robert Wright）

新美国基金会高级研究员

《大西洋月刊》特约编辑

参考文献

［1］ Adamson, Allen P. *BrandSimple*: *How the Best Brands Keep It Simple and Succeed*. New York: Palgrave Macmillan, 2006.

［2］ Arthur, W. Brian. *The Nature of Technology*: *What It Is and How It Evolves*. New York: Free Press, 2009.

［3］ Attali, Jacques. *A Brief History of the Future*. New York: Arcade Publishing, 2009.

［4］ Bahrami, Homa, and Stuart Evans. *Super-Flexibility for Knowledge Enterprises*: *A Toolkit for Dynamic Adaptation*. Heidelberg: Springer, 2010.

［5］ Bobbitt, Philip. *Terror and Consent*: *The Wars for the Twenty-First Century*. New York: Knopf, 2008.

［6］ Cashman, Kevin. *The Pause Principle*: *Step Back to Lead Forward*. San Francisco: Berrett-Koehler, 2012.

［7］ Coggan, Philip. *Paper Promises*: *Money*, *Debt and the New World Order*. London: Allen Lane, 2011.

［8］ Collini, Stefan. *What Are Universities For?* London: Penguin, 2012.

［9］ Cooper, Thomas W. *Fast Media Media Fast*: *How to Clear Your Mind and Invigorate Your Life in the Age of Media Overload*. Boulder, CO: Gaeta Press, 2011.

［10］ Cowen, Tyler. *The Great Stagnation*: *How America Ate All the Low-Hanging Fruit of Modern History*, *Got Sick*, *and Will (Eventually) Feel Better*. New York: Dutton Adult, 2011.

［11］ Diamandis, Peter H., and Steven Kotler. *Abundance*: *The Future Is Better Than You Think*. New York: Free Press, 2012.

［12］ Edwards, Sebastian. *Left Behind*: *Latin America and the False Promise of Popu-

lism. Chicago: University of Chicago Press, 2010.

[13] Ferguson, Niall. *Civilization: The Six Ways the West Beat the Rest.* London: Allen Lane, 2011.

[14] Florida, Richard. *The Great Reset: How the Post-Crash Economy Will Change the Way We Live and Work.* New York: Harper, 2010.

[15] Fukuyama, Francis. *The Origins of Political Order: From Prehuman Times to the French Revolution.* New York: Farrar, Straus & Giroux, 2011.

[16] Gardner, Dan. *Future Babble: Why Expert Predictions Are Next to Worthless, and You Can Do Better.* New York: Dutton, 2011.

[17] Garon, Sheldon. *Beyond Our Means: Why America Spends While the World Saves.* Princeton, NJ: Princeton University Press, 2012.

[18] Gershenfeld, Neil. *Fab: The Coming Revolution on Your Desktop—From Personal Computers to Personal Fabrication.* New York: Basic Books, 2007.

[19] Guest, Robert. *Borderless Economics: Chinese Sea Turtles, Indian Fridges and the New Fruits of Global Capitalism.* New York: Palgrave Macmillan, 2011.

[20] Hale, David, and Lyric Hughes Hale. *What's Next: Unconventional Wisdom on the Future of the World Economy.* New Haven, CT: Yale University Press, 2011.

[21] Hoffman, Reid, and Ben Casnocha. *The Start-Up of You: Adapt to the Future, Invest in Yourself, and Transform Your Career.* New York: Crown Business, 2012.

[22] Holstein, William J. *The Next American Economy: Blueprint for a Real Recovery.* New York: Walker & Co., 2011.

[23] Joffe, Josef. *Predictions: The Future of the Great Powers.* London: Phoenix, 1998.

[24] Johnson, Clay A. *The Information Diet: A Case for Conscious Consumption.* Sebastopol, CA: O'Reilly, 2012.

[25] Johnson, Steven. *Where Good Ideas Come From: The Natural History of Innovation.* New York: Riverhead Books, 2010.

[26] Kahneman, Daniel. *Thinking*, *Fast and Slow*. New York: Farrar, Straus & Giroux, 2011.

[27] Kotkin, Joel. *The Next Hundred Million*: *America in* 2050. New York: Penguin, 2010.

[28] Levinson, Marc. *The Box*: *How the Shipping Container Made the World Smaller and the World Economy Bigger*. Princeton, NJ: Princeton University Press, 2008.

[29] Prince Hans-Adam II of Liechtenstein. *The State in the Third Millennium*. Triesen, Liechtenstein: Van Eck Publishers, 2009.

[30] MacKay, Charles. *Extraordinary Popular Delusions and the Madness of Crowds*. Various editions since 1841.

[31] Mahbubani, Kishore. *The New Asian Hemisphere*: *The Irresistible Shift of Global Power to the East*. New York: Public Affairs, 2008.

[32] Mason, Paul. *Why It's Kicking Off Everywhere*: *The New Global Revolutions*. London and New York: Verso, 2012.

[33] Morozov, Evgeny. *The Net Delusion*: *The Dark Side of Internet Freedom*. New York: Public Affairs, 2011.

[34] Naím, Moisés. *Illicit*: *How Smugglers*, *Traffickers*, *and Copycats Are Hijacking the Global Economy*. New York: Anchor, 2006.

[35] Ondaatje, Sir Christopher. *The Power of Paper*: *A History*, *a Financial Adventure and a Warning*. London: HarperCollins, 2007.

[36] Patten, Chris (Lord Patten of Barnes). *What Next? Surviving the Twenty-First Century*. London: Allen Lane, 2008.

[37] Perlow, Leslie A. *Sleeping with Your Smartphone*: *How to Break the 24/7 Habit and Change the Way You Work*. Boston: Harvard Business Review Press, 2012.

[38] Poscente, Vince. *The Age of Speed*: *Learning to Thrive in a More-Faster-Now World*. Austin: Bard Press, 2008.

[39] Quelch, John A., and Katherine E. Jocz. *All Business Is Local*: *Why Place Matters*

More Than Ever in a Global, *Virtual World.* New York: Portfolio/Penguin, 2012.

[40] Roberts, Kevin. *Lovemarks*: *The Future Beyond Brands.* New York: PowerHouse Books, 2005.

[41] Rodrik, Dani. *The Globalization Paradox*: *Democracy and the Future of the World Economy.* New York: W. W. Norton, 2011.

[42] Schwartz, Barry. *The Paradox of Choice*: *Why More Is Less.* New York: Harper Perennial, 2005.

[43] Wade, Woody. *Scenario Planning*: *A Field Guide to the Future.* New York: Wiley, 2012.

[44] Wallis, Jim. *Rediscovering Values*: *On Wall Street*, *Main Street*, *and Your Street.* New York: Howard Books, 2010.

[45] Wilson, Daniel H. *Where's My Jetpack? A Guide to the Amazing Science Fiction Future That Never Arrived.* New York: Bloomsbury, 2007.

[46] Wright, Robert. *Nonzero*: *The Logic of Human Destiny.* New York: Vintage, 2001.

[47] Yergin, Daniel. *The Quest*: *Energy*, *Security*, *and the Remaking of the Modern World.* New York: Penguin, 2011.

致　谢

　　本书不仅探寻面对现代社会中的信息过载和狂热行动，个人应该如何找到出路，也帮助读者更睿智、清晰地对待我们被技术所主导、边界日益模糊的生活。

　　但在这一过程中，在我从紧张的快节奏生活中寻找道路的时候，我不得不减少与我最亲近的人相处的宝贵个人时间——我的妻子、孩子和朋友。所以，当我生命中的一个篇章接近尾声，并准备投入到下一段经历之前，我要停下来，深深地感谢他们，感谢他们原谅我在他们需要我的重要时刻不能陪在他们身边，感谢他们原谅我未能给他们足够的关心，否则我在本书的诠释经验的核心见解将有所推迟。首先我要感谢我的妻子路易丝（Louise）和我的四个孩子——克里斯（Chris）、李（Lee）、卡拉（Carla）和尼基（Nikki），我要对他们说声"谢谢"。我还想向他们保证，我会按时吃药，回去后会清晰明确地关注每个人生活中的重要事情。

　　感谢科尔尼的领导团队，你们的精明能干和忠诚帮助公司走出了 MBO 后的潜在危险，实现了强劲、可持续的业绩表现。有了你们，我在公司的领导工作简单了很多。你们有效协调各自的团队，在科尔尼全球客户和同事当中建立了信任和信心。感谢科尔尼在 39 个国家 57 个分支机构的所有同事，是你们履行了对客户和其他同事的承诺。感谢你们在过去 6 年里对我领导工作的支持，让我们在这个充满挑战的商业世界里成功抓住了全球机遇。

　　最后，任何知识资本都是受到很多人和书刊段落的启发得出的，这些人和书刊的数量多得可能甚至让人想不起来。本书也不例外，它明确引用了许多人的见解，帮助我解开了书中的一些谜题和矛盾。

　　其中，我需要着重感谢我的客户，是他们让我有机会了解他们的需求，并耐心地等待我帮助他们满足这些需求。多年以来，这些数不尽的客户关系让我受益匪浅，他们是来自世界各地的行业与政府领袖，才华出众、恪尽职守，我们之间的关系也逐渐发生变化，逐渐成为彼此的朋友。这样的关系模糊了客户/顾问的概念，为我们双方都带来丰厚的回报。此外，在我领导科尔尼全球商业政策咨询委员会的这些年来，我有幸能结识社会各界的精英，并向他们学习，这是一个非常令人羡慕的机会——满足了我扩大周边视野（本书的要旨）的无尽需求。

这些人当中有一部分对我编写本书给予了特别大的帮助，让我的这些观点能够被世人所见。正是在他们的帮助下，我的书才能令人信服，得以出版。衷心感谢我的书稿经纪人 Rafe Sagalyn，编辑 Evan Burton、Emilie Herman 和 John Wiley & Sons 的整个团队。感谢我的出版人 Angela Hayes。感谢 Bart Crosby 和 Crosby Associates 团队勤奋和富有创意的工作，用引人注目的视觉形象诠释了本书的观点。同时，感谢 Kevin Peschke，Doug MacDonald 和 Lee Anne Petry 对 Bart Crosby 和 Crosby Associates 团队提供了科尔尼的内部艺术和营销人才支持。

感谢我的行政助理 Patty Fabian，她帮助我管理时间，帮我保持思考和理智，使我过去11的职业生涯得以稳定发展，对此我表示深深的感谢。

感谢我的特别助理 Justin Shepherd 的重要和及时支持，不仅帮我应对科尔尼的工作需要，还教会我很多特别的知识和见解，这些在我的思想和决策中都有所反应，同时也反映在本书的编撰过程中。另外，我还想感谢 Dillon Forrest 提供的研究支持。

最后我还想感谢一个人，他在这段智慧和职业旅程中陪伴我的时间最长。他就是我以前的同事和知识上的知音，圣达菲研究员 Stephen Klimczuk。Stephen 对本书的撰写起了非常关键的作用。如果不是他的孜孜不倦、横溢才华和专注支持——就像我的上一本书《失衡的世界》一样——这本书也不可能付梓。

再次向本书提到或未提到的，曾经给我带来感动，帮助我塑造了思想和价值观的人表示深深的谢意。

罗德侠

作者简介

罗德侠（Paul A. Laudicina）是国际管理咨询公司科尔尼的首席执行官（CEO）、董事会主席兼执行总裁，同时也是科尔尼全球商业政策咨询委员会的创始人兼主席。在40多年的工作经历当中，罗德侠曾就职于政府部门、研究机构、企业、联合国等，与来自30多个国家的中央、省级、州级及社区层面的领导人一起共事。

罗德侠拥有25年的国际咨询经验，曾与企业和政府领导人合作，共同解决战略、企业及公共政策等诸多方面的问题。他还曾在科尔尼为许多大型私营及国有企业提供战略规划和风险管理。

2006年初期，科尔尼完成了MBO（管理层收购），公司合伙人推选罗德侠担任公司总负责人。在罗德侠的领导下，公司业绩出现了强力反弹，赢回了在国际领先管理咨询公司中的地位。在科尔尼重获独立不到一年的时间，公司就恢复了强劲增长，偿清了债务。在MBO之前的十年，科尔尼一直是EDS的子公司，而且与母公司的关系越来越紧张，致使科尔尼这家历史悠久的咨询界的先锋公司陷入重重困境。如今，距MBO已经6年多了，科尔尼成为专业服务领域成功实现重大转变的公司之一，凭借全球扩张、差异化的品牌标识、客户满意度和员工忠诚度，科尔尼实现了强劲的增长，重新树立了在行业内的领导地位。

1991年，罗德侠曾担任斯坦福国际研究院（前斯坦福研究院）的高级副总裁兼董事。他在该研究院工作了10年，创立了研究院的政策部。早期，罗德侠曾担任美国参议员Joseph R. Biden Jr.的立法主管、美孚公司的前投资研究主管、海外发展理事会副研究员、联合国经济与社会信息部助理研究员。罗德侠除在本国工作外，还曾到拉丁美洲、瑞士和东非等地工作。

罗德侠发表了很多文章，也出版了一些书籍，其中包括《失衡的世界：驾驭全球风险，把握竞争优势》。除英语外，该书还用其他六种语言出版，被《好观点管理书摘》（Soundview Executive Book Summaries）评选为 2005 年最佳商业书籍之一。2005 年和 2007 年，罗德侠被《咨询杂志》提名为年度"25 名最具影响力的咨询顾问"之一。

罗德侠现在芝加哥全球事务委员会、芝加哥招商局市长委员会、东京大学校长委员会、CEO 抗癌联盟（CEOs Against Cancer）、英美工商协会国际顾问委员会都有任职。此外，罗德侠还是美国对外关系委员会的成员，新美国经济伙伴关系组织（非党派联盟，主要解决美国移民问题）的总负责人之一。

此外，他还是一位广受欢迎的演说家，曾在 50 多个国家做过演讲。

闲暇时（不飞来飞去的时候），罗德侠在新墨西哥州的圣达菲市与妻子路易丝（Louise）以及家人一起度过。

欲了解更多信息，请访问"www. beatingtheglobalodds. com"。